MARILOU & ALEXANDRE
CHAMPAGNE

Dreimal täglich

Speisen für Körper, Geist und Seele

Verlagshaus Jacoby 🏠 Stuart

DREIMAL TÄGLICH
marilou & alexandre champagne

————

Texte, Rezepte und Food styling: Marilou
Fotografien: Alexandre Champagne
Assistenz Fotograf und Cover Foto: Yanick Lespérance
Art directors: Marilou und Alexandre Champagne
Graphic design: Maude Paquette-Boulva
Kulinarische Beraterin: Véronique Paradis
Projekt Koordinatorinnen: Noémie Graugnard et Sofia Oukass

Verlegerische Antoine Ross-Trempe

————

*Ein verlagsneues Buch kostet in ganz Deutschland und Österreich
jeweils dasselbe. Das liegt an der gesetzlichen Buchpreisbindung,
die dafür sorgt, dass die kulturelle Vielfalt erhalten und für die Leser
bezahlbar bleibt. Also: Egal ob im Internet, in der Großbuchhandlung,
beim lokalen Buchhändler, im Dorf oder in der Stadt – überall
bekommen Sie Ihre verlagsneuen Bücher zum selben Preis.*

Die französischsprachige Originalausgabe ist 2014 unter dem Titel *Trois fois par jour*
bei Les Éditions Cardinal Inc. In Montréal, Quebec, Kanada erschienen.
© 2014 Les éditions cardinal inc.

Für die deutsche Ausgabe:
© 2018 Verlagshaus Jacoby & Stuart, Berlin
Ins Deutsche übertragen von Nicola T Stuart
Alle Rechte vorbehalten
Druck und Bindung: DZS Grafik d.o.o.
ISBN 978-3-946593-62-1
Printed in Slovenia
www.jacobystuart.de

Einleitung

Nach mehr als 13 Jahren in der Musikbranche, merkte ich so langsam, dass mir diese Welt niemals die Erfüllung geben würde, die ich mir wünschte. Nichtsdestoweniger wollte ich meine Gesangskarriere nicht einfach aufgeben, denn im Laufe der Zeit hatte ich mich (unbewusst) überzeugen lassen, dass ich dazu geboren sei, Musik zu machen. Also habe ich mich anderen Gedanken völlig verschlossen, denn die Leute sagten mir immer wieder, was für eine gute Musikerin ich sei, und die Meinung anderer war alles, was für mich zählte.

Doch in einer lebensverändernden Nacht im Frühjahr 2013, hörte ich endlich auf, nur auf andere zu hören und entschied mich, einem anderen Traum zu folgen. Ganz im Inneren wusste ich irgendwie, dass Kochen meine wahre Berufung war, und dass ich dem folgen musste, obgleich ich keinerlei Kochausbildung habe. Was ich stattdessen hatte, war eine veritable Leidenschaft für das Kochen, für die Kunst der Tischdekoration und für eine gesunde Lebensweise. Außerdem hatte ich ein echtes Talent dafür, mir Rezepte auszudenken.

Seit vielen Jahren habe ich unzählige Abende damit verbracht, Kochbücher zu lesen und Kochzeitschriften aus der ganzen Welt, die ich übers Internet bestellte, zu studieren. Diese Abende inspirierten mich und ließen mich meinen Traum träumen.

Doch tatsächlich hatte dieser Traum eine tiefere Wurzel, als nur die Liebe zum Essen. Denn über viele Jahre hinweg habe ich einen Kampf mit bzw. gegen Anorexia ausgefochten. Ich hatte tatsächlich ein sehr ungesundes Verhältnis zum Essen. Zwar habe ich Essen immer geliebt und tat es selbst noch zu jener Zeit, doch andererseits hatte ich Angst vor dem Essen und machte mir riesige Sorgen, dass die Magersucht mich mein Leben lang fest im Griff haben würde.

Mit Hartnäckigkeit und einer guten Portion Demut, schaffte ich es, im Laufe der Zeit, die Anorexie zu besiegen. Das war und ist der größte Sieg meines Lebens, insbesondere weil ich keine Zustimmung von anderen brauchte, um stolz auf mich zu sein. Dieses Gefühl klang lauter in mir nach, als alle Jubelrufe begeisterter Zuhörer es jemals könnten.

Heute kann ich ohne jeden Zweifel behaupten, dass die schlimmsten Tiefpunkte meines Lebens, Segen in Verkleidung waren. Denn ohne sie wäre ich heute nicht dort, wo ich bin. Ich habe dieses Buch *Dreimal täglich* genannt, zu Ehren meiner Gesundung und um den drei Mahlzeiten pro Tag, die ich nun endlich gesund und frohen Mutes genießen kann, Tribut zu zollen.

Das Schicksal meinte es gut mit mir, denn zum genau richtigen Zeitpunkt trat Alex in mein Leben. Er ist von Anfang an mein Begleiter auf dieser Reise gewesen, denn er hat meine Rezeptkreationen fotografiert, und er hat niemals daran gezweifelt, dass er eine ebenso brennende Leidenschaft für die Foodfotografie entwickeln würde, wie ich für das Kochen.

Die Idee, die *Dreimal täglich* zugrunde liegt, ist einfach: Wir wollten versuchen, das Verhältnis der Menschen zum Essen zu verbessern, und zwar so dezent wie möglich. Viele halten es für selbstverständlich, gemeinsam an einem Esstisch zu sitzen und zu essen, aber oft ist es doch eher so, dass vielen die Zeit, das Geld oder die Inspiration dazu fehlt. Und um das Ganze noch zu verschlimmern, sind viele unter uns, die an Essstörungen leiden, oder ständig obsessiv mit ihrem Gewicht beschäftigt sind oder unter Nahrungsmittel-Unverträglichkeiten und Allergien leiden, die das genussvolle Essen insgesamt erschweren.

Ich wollte machbare Lösungen auf den Tisch legen und meine und Alex' Kreativität dazu nutzen, um jedem und jeder, die oder der es vielleicht brauchen kann, Hilfe anzubieten.

Ich hoffe von Herzen, dass dieses Buch gleichermaßen Körper, Geist und Seele nähren wird!

MARILOU

INHALTS-VERZEICHNIS

»Du brauchst nicht viel, um ein
wenig zu geben.«

BÉATRICE

MEINE TIPPS & TRICKS

Meine Lieblingsgeräte

DER LÖFFEL

Ich benutze einen Löffel zum Kosten, und das macht ihn zum wichtigsten meiner Geräte! Immer wieder sollten Sie Ihren Löffel in was auch immer Sie gerade kochen mögen, tauchen und probieren, und zwar von Anfang bis Ende der Zubereitung. Das ist die Garantie dafür, dass Sie mit Ihrem Resultat zufrieden sein werden, denn durch das ständige Kosten und Abschmecken werden Sie meinen Rezepten Ihren ganz persönlichen Touch verleihen.

DER EISKUGELPORTIONIERER

Ein Gerät, das ich wohl mit am meisten benutze. Mein Eiskugelportionierer fasst etwa einen ¼ Becher (60 ml), und ich benutze ihn, um Cookies, Muffins, Galettes, Fritters, Pancakes etc. zuzubereiten, denn dadurch bekommen alle Teile in etwa dieselbe Größe. Und so werden Ihre Kreationen nicht nur schön aussehen, sondern auch alle zur selben Zeit gar sein.

DIE REIBE

Ich benutze eine Microplane-Zester-Reibe um Knoblauch, Schokolade, Ingwer, Muskatnuss und Käse zu reiben, oder um die Schale von Zitrusfrüchten abzureiben. Er ist preiswert, einfach zu säubern und leicht unterzubringen.

Frische Kräuter

So können Sie das Leben Ihrer Kräuter verlängern:

1 — Um Ihre Kräuter im Kühlschrank so lange wie möglich frisch zu halten, empfehle ich, sie in leicht angefeuchtetes Küchenpapier zu wickeln und dieses Päckchen in einer verschließbaren Plastiktüte zu lagern

2 — Sie können frische Kräuter auch einfrieren. Dazu die Kräuter waschen, trockenschleudern, feinhacken, in einzelne Muffinförmchen geben, mit Olivenöl bedecken und einfrieren. Wenn Sie beim Kochen sind, geben Sie einfach einen der »Würfel« in den Topf oder die Pfanne und verleihen damit Ihrem Gemüse oder Fleisch oder Fisch etc. ein frisches Aroma.

3 — Eine weitere Aromaoption ist natürlich Kräuterbutter. Einfach zimmerwarme gesalzene Butter in eine Schüssel geben, gehackte frische Kräuter dazugeben, gründlich vermengen und abschmecken. Diese Butter auf Frischhaltefolie geben, zur Rolle formen, mit der Folie umwickeln und einfrieren. Kräuterbutter passt hervorragend zu Fisch, Fleisch und geröstetem oder püriertem Gemüse.

Suppen & Stews

Um sicherzustellen, dass meine Suppen & Stews die richtige Würze haben, schmecke ich nach jedem Zubereitungsschritt mit ein wenig Salz und Pfeffer ab. Das Resultat ist dann immer perfekt.

Avocados

Avocados haben nur für eine sehr kurze Zeit den richtigen Reifegrad. Wenn meine genau richtig sind, zerdrücke ich sie mit ein wenig Zitronensaft und friere das Püree in der Eiswürfelschale ein. Wenn es gefroren ist, schütte ich die Avocadowürfel in einen verschließbaren Plastikbeutel und lege diesen in den Tiefkühler Ich gebe diese Würfel besonders gern in Smoothies (s. dazu mein Cremiges Schokoladen-Erdbeer-Smoothie-Rezept auf S. 36).

Gute Organisation

Wie bei allem anderen auch ist eine gute Organisation der Schlüssel zum stressfreien fröhlichen Kochen.

1 — Wenn ich ein bereits existierendes Rezept (in letzter Zeit kommt das allerdings selten vor!) zubereiten möchte, lese ich das ganze Rezept in Ruhe durch, dabei achte ich besonders auf die Zutaten, die vorab zubereitet werden müssen (also, Hacken, Reiben, Würfeln etc.). Diese Zutaten bereite ich als erste vor und stelle sie beiseite, damit ich sie sofort verarbeiten kann, wenn sie gebraucht werden. Das spart Zeit und Kopfschmerzen!

2 — Zwischendurch räume ich immer wieder Geräte weg oder wasche benutztes Geschirr ab, und ich sage Ihnen, das macht einen Unterschied ums Ganze. Denn schnell zwischendrin aufräumen, schützt Sie davor, am Ende eine Riesenaufräumaktion starten zu müssen. Dadurch können auch Sie Ihr Essen in Ruhe genießen und sich ganz Ihren Gästen widmen.

Meine tatsächlich funktionierenden Tricks

1 — Bevor ich beginne, eine Frucht oder ein Gemüse zu zerkleinern, stabilisiere ich die Zutat erst einmal mit einer glatten Schnittfläche. So kann ich sie flach auf meine Arbeitsfläche legen, ohne dass sie verrutschen kann.

2 — Bevor Sie klebrige Zutaten wie Honig, Ahornsirup, Nussbutter oder andere Fette abmessen, reiben Sie die Innenseite des Messbechers oder -löffels mit ein wenig Pflanzenöl ein, so werden die Zutaten nicht am Messgerät kleben bleiben.

3 — Wann immer ich ein Barbecue für Freunde oder Familie gebe, serviere ich die Hot-Dog- und Hamburger-Beilagen in hübschen Muffinförmchen. Das verbraucht weniger Geschirr, und sie lassen sich so einfacher hinein- und hinaustragen, wenn sie nachgefüllt werden müssen.

4 — Um die perfekte Pasta zuzubereiten, halte ich mich an die 1:10:100-Regel: 1 Liter Wasser, 10 g Salz, 100 g Pasta pro Portion.

5 — Ich koche Nudeln immer etwas kürzer als auf der Packungsbeilage empfohlen wird. Dann gieße ich sie schnell ab und gebe sie in den Topf oder die Pfanne mit der dazugehörigen Sauce und erhitze sie kurz in der Sauce, bis sie ganz von ihr ummantelt sind.

Kategorien

Für Gäste

Rezepte des Siegels *Für Gäste* sollen Ihnen helfen, Ihren Job als GastgeberIn in aller Ruhe aus-
zuüben und mit leckeren Speisen selbst anspruchsvollste Gaumen zu befriedigen! Angefangen
bei Suppen bis hin zu Desserts erlauben Ihnen die Rezepte dieser Kategorie, ein perfektes
Menü von A–Z zu planen.

Glutenfrei

Rezepte des Siegels *glutenfrei* werden ohne Weizenprodukte oder andere Getrei-
desorten, die das Klebereiweiß Gluten in sich tragen, zubereitet. Glutenunverträg-
lichkeit, auch Zöliakie genannt, gibt es inzwischen immer häufiger. Gluten findet
sich übrigens nicht in Mais, Reis oder Hirse. Da die Rezepte in diesem Buch fast
ausschließlich aus einfachen frischen Zutaten bestehen, sind die Rezepte dieser
Kategorie theoretisch glutenfrei; allerdings können Gewürzmischungen oder
Essenzen oder Lebensmittelfarben evtl. Gluten enthalten, deshalb sollten Sie die
Etiketten solcher Produkte vor der Zubereitung immer genau durchlesen.

Laktosefrei

Rezepte der Kategorie *laktosefrei* sind frei von Milchprodukten, mit der Ausnahme von Parmesan, denn sehr feste Hartkäsesorten werden im Allgemeinen von Menschen mit Laktoseintoleranz vertragen. Manche Rezepte in diesem Buch, die mit griechischem Joghurt zubereitet
werden, sind dieser Kategorie nicht zugeordnet, allerdings, wenn Sie eine Laktoseintoleranz
haben, können Sie auch diese Rezepte nachkochen, denn inzwischen ist laktosefreier griechischer Joghurt in vielen Supermärkten erhältlich.

MITBRINGSEL

Rezepte in der Kategorie *Mitbringsel* wurden kreiert, um unsere Lieben zu erfreuen. Egal, ob es sich um ein Geburtstagsgeschenk handelt, oder um ein Dankeschön für einen gelungenen Abend, oder um ein besonderes Fest, jeder Anlass ist ein guter, um die Menschen zu erfreuen, die uns nahestehen. Nicht jedes dieser Geschenke wird tatsächlich gekocht, denn manche müssen einfach nur zusammengestellt werden. Andere wiederum, wie etwa die Bolognese & Auberginen-Lasagne, sind gewiss ein willkommenes Geschenk für den jungen Studenten, der gerade von zu Hause ausgezogen und noch grün hinter den Ohren ist, wenn's ums Kochen geht.

PRAKTISCH

Rezepte, die zur Kategorie *praktisch* gehören, benötigen zum einen weniger Zutaten, und zum anderen dürften die meisten Zutaten ohnehin in Ihrem Kühlschrank oder Ihrer Speisekammer vorhanden sein.

ROH

Rezepte mit dem Siegel *roh* werden ohne zu Kochen zubereitet und enthalten nur rohe Zutaten. Je nachdem welcher Rohkost-Philosophie Sie anhängen, können auch Fleisch und Fisch ein integraler Bestandteil der »lebendigen-Rohkost« sein. Mein Heilbutt-Ceviche ist zum Beispiel ein perfektes Beispiel dieser Philosophie. Ahornsirup ist übrigens erlaubt, obgleich er während des Einkochens auf 40 °C erhitzt wird. Falls Sie eine andere Zutat zum Süßen nutzen möchten, so wären Agavendicksaft, unbehandelter roher Honig, Dattelpüree etc. gute Alternativen.

SCHNELL & EINFACH

Rezepte des Siegels *schnell & einfach* lassen sich in 30 Min. zubereiten, da ist die Vorbereitungszeit bereits mitgerechnet. Das heißt also: Sie haben in gerade mal einer halben Stunde ein ganzes Familiengericht auf dem Tisch, fertig zum Verzehr. Ideal während der Arbeitswoche.

SCHWELGERISCH

Rezepte der Kategorie *schwelgerisch* sind besonders für jene gedacht, die gern mal ein wenig schwelgen möchten. Sie werden mit etwas mehr Fett und Zucker zubereitet, manchmal paniert oder gebraten und sind immer köstlich. Für manche dieser Rezepte werden Zutaten gebraucht, die ein wenig teurer sind, allerdings können sie meistens durch preiswertere Zutaten ersetzt werden.

Vegetarisch

Rezepte des Siegels *vegetarisch* enthalten kein Fleisch, aber folgen ansonsten der Ovo-Lacto-Vegetarischen-Philosophie. Sprich, die Rezepte können Eier, Honig, Milch oder Milchprodukte enthalten. Wenn Sie strenger vegetarisch leben, keine Sorge, denn diese Rezepte entsprechend abzuändern, ist unproblematisch: So kann Mayonnaise einfach durch vegane Mayonnaise ersetzt werden oder Joghurt durch Soja- oder Nussjoghurt und ein Ei kann schlicht durch 1 EL Leinsamenmehl vermischt mit 3 EL warmen Wasser ersetzt werden. Diese zähflüssige Mischung ersetzt die Konsistenz von Eiweiß – ja, das ist wie Magie! Ich selbst liebe Hühnerbrühe, aber Suppen können auf simple Art vegetarisch oder vegan gemacht werden: einfach eine schmackhafte Gemüsebrühe stattdessen benutzen.

Seine Wahl

Rezepte der Kategorie *Seine Wahl* wurden von Alex ausgesucht, denn sie sind seine absoluten Lieblingsrezepte. Glauben Sie mir, wenn er Ihnen mal einen Gefallen tun soll, dann bereiten Sie einfach eines der Rezepte zu, und er kann nicht Nein sagen!

Jedes Rezept wird von folgenden Symbolen begleitet:

VORBEREITUNGSZEIT   KOCHZEIT ODER RUHEZEIT

All Tum dem vom Eige, Zitronen, Gemüse, Fleisch etc. sind aus biologischem Anbau.

Die Maßeinheit 1 cup wird durch Becher wiedergegeben (Raummaß 250 ml)

KAPITEL

Nr. 1

Frühstück
& Brunch

GRÜNE SÄFTE

Rezepte auf S. 32

FOTO AUF S. 30

MENGE *1 große Portion* ✏ *5 Min.*
KATEGORIE *unterschiedlich, je nach Zutaten*

GRÜNE SÄFTE

Seit ein paar Jahren trinke ich mein Frühstück Tag für Tag
(oder fast jeden Tag!). Und es macht mir großen Spaß immer neue
Kreationen auszuprobieren. Für den perfekten Smoothie wählen Sie einfach
die Zutaten aus, die Ihnen gerade den Gaumen kitzeln oder Sie wählen aus
meiner Kategorienliste oder nutzen einfach die Zutaten, die Sie im Haus
haben. Die Zahlen in Klammern stehen für die Menge der Zutaten, die für die
Zubereitung einer Portion eines jeden Smoothies erforderlich sind.

Wenn Sie morgens allerdings immer in Eile sind, empfehle ich Ihnen
eine große Menge eines Smoothies zuzubereiten und in der Eiswürfelschale
Ihres Kühlschranks einzufrieren. Für ein ganz schnelles Frühstück tun Sie
dann nichts anderes als abends ein großes Glas mit den gefrorenen Smoothie-
würfeln zu füllen und über Nacht in den Kühlschrank zu stellen. Es wird am
nächsten Morgen aufgetaut darauf warten, genossen zu werden.

ZUBEREITUNG

1 Alle Zutaten in einem Standmixer pürieren, bis ein cremiger
   Smoothie entstanden ist. Köstlich.

TIPPS & TRICKS

Die Früchte können frisch oder eingefroren verarbeitet werden.

01 FLÜSSIGE GRUNDLAGE (×1)

2 Becher (500 ml) Vanille-Mandelmilch

2 Becher (500 ml) Vanille-Sojamilch

2 Becher (500 ml) gefiltertes Wasser

2 Becher (500 ml) Kokosnusswasser

2 Becher (500 ml) Ahornwasser

2 Becher (500 ml) Fruchtsaft Ihrer Wahl

02 GRÜNZEUGS (×1)

1 Becher (225 g) Spinat

1 Becher (70 g) Kale (Grünkohl)

½ Becher (30 g) glatte Petersilie

03 FRÜCHTE (×1 À 2)

1 Apfel

1 Orange

1 Becher (225 g) Ananas

1 Becher (100 g) Blaubeeren

1 Becher (160 g) Erdbeeren

1 Banane

1 Birne

1 Becher (200 g) Mango

1 Pfirsich

04 CREMIGE ZUTATEN (×1)

½ Becher (125 ml) Seidentofu

½ Becher (125 ml) Joghurt

1 Avocado

2 EL Sojabutter

2 EL Erdnussbutter

2 EL Mandelbutter

2 EL Kakaopulver

05 SÜSSE ZUTATEN (×1)

2 EL Ahornsirup

2 EL Honig

2 EL Agavendicksaft

¼ Becher (50 g) Medjoul-Datteln, entkernt

06 EXTRAS (OPTIONAL)

1 EL Maulbeeren

1 EL Goji-Beeren

1 EL Chiasamen

1 EL dunkle Schokoflocken

CLEMENTINEN-, KOKOSNUSS- & MANGO-SMOOTHIE

ZUTATEN

2 Becher (500 ml) Kokosnussjoghurt

4 Clementinen, geschält + gewürfelt

1 Becher (250 ml) gefrorene Mangostückchen

ZUBEREITUNG

1   Alle Zutaten in einem Standmixer pürieren, bis ein cremiger Smoothie entstanden ist.

CREMIGER SCHOKOLADEN-ERDBEER-SMOOTHIE

MENGE *1 große Portion* 🥄 *5 Min.*
KATEGORIE *glutenfrei · laktosefrei · schnell & einfach · roh · vegetarisch*

Für mich ist die Kombination von Erdbeeren und Schokolade
ein echter Gewinn. Und das noch zusätzlich mit der nahrhaften Avocado
kombiniert mit ihrer cremigen Konsistenz, ohne Aroma zu verlieren.

ZUTATEN

1 Avocado, entkernt und geschält

1 Becher (250 ml) gefrorene Erdbeeren

2 Becher (500 ml) Vanille-Mandelmilch

2 EL Kakaopulver

2 EL Honig

1 EL Chiasamen, zum Garnieren (optional)

1 EL Goji-Beeren, zum Garnieren (optional)

ZUBEREITUNG

1   Alle Zutaten in einem Standmixer pürieren, bis
    ein cremiger Smoothie entstanden ist.

Dieses Haferflockenfrühstück wird am Vorabend zubereitet und kann am nächsten Morgen als Frühstück-to-go wunderbar mit in die Schule oder zur Arbeit genommen werden.

CHIA-, BEEREN- & GRANATAPFEL-HAFERFLOCKEN

MENGE *1 Portion* 🥄 *5 Min.* 🕐 *1 Std. oder +*
KATEGORIE *praktisch · vegetarisch*

ZUTATEN

½ Becher (50 g) Haferflocken (Instant Flocken)

1 EL Chiasamen (ich nehme die weißen)

½ Becher (125 ml) Vanillejoghurt

½ Becher (125 ml) Mandelmilch

½ TL Zitronenschale

2 EL Honig

¼ Becher (40 g) frische Blaubeeren

¼ Becher (40 g) frische Brombeeren

1 Handvoll Granatapfelkerne

ZUBEREITUNG

1 Alle Zutaten in ein kleines hübsches Weckglas geben und vermengen, dabei sicherstellen, dass die Beeren zerdrückt werden.

2 Mind. 1 Stunde oder aber über Nacht im Kühlschrank ruhen lassen.

3 Vor dem Essen mit einigen Beeren und 1 Handvoll Granatapfelkerne garnieren.

TIPPS & TRICKS

Um einen Granatapfel zu entkernen, ohne dabei überall rote Spritzer zu verteilen, viertele ich den Granatapfel mit einem großen Messer, gebe jeweils ein Viertel in eine Schüssel mit kaltem Wasser und entferne die Kerne vorsichtig unter Wasser.

Dies ist mein absolutes Lieblingsrezept, ich weiß auch nicht so richtig warum, aber jeder Bissen tut mir gut! Ja, tatsächlich erinnert mich jeder Bissen an die ersten Tage meines unvergleichlichen Abenteuers mit *Dreimal täglich*, denn dies ist das allererste Rezept, das ich auf meinem Blog gepostet habe.

Oft gebe ich noch ein wenig Vanille-Mandelmilch zu meinem Granola oder einen ordentlichen Klecks griechischen Joghurt mit ein wenig Honig und frischen Früchten.

MENGE *etwa 7 Becher (1700 ml)*   🥄 *5 Min.*   🕐 *40–45 Min.*
KATEGORIE *praktisch · Mitbringsel · laktosefrei · vegetarisch*

GRANOLA VON VERSCHIEDENEN NÜSSEN, FRÜCHTEN & AHORNSIRUP

ZUTATEN

FÜR DIE NUSSMISCHUNG

4 Becher (320 g) Haferflocken (Instant Flocken)

½ Becher (50 g) Kokosnussflocken

½ Becher (70 g) Mandeln, grobgehackt

½ Becher (60 g) Pekannüsse, grobgehackt

½ Becher (60 g) Sonnenblumenkerne

½ Becher (40 g) Kürbiskerne

½ Becher (90 g) brauner Zucker

½ TL Zimtpulver

1 Prise Salz

FÜR DIE AHORNSIRUPMISCHUNG

½ Becher (125 ml) Ahornsirup

½ Becher (125 ml) Rapsöl

1 TL Vanilleessenz

FÜR DIE FRÜCHTE

½ Becher (70 g) getrocknete Cranberrys

½ Becher (85 g) getrocknete Aprikosen, gewürfelt

8–10 Medjoul-Datteln, entkernt + gewürfelt

ZUBEREITUNG

1 Backofen auf 150 °C vorheizen. Ein Backblech mit Backpapier auskleiden.

2 Alle Zutaten der Nussmischung in einer Schüssel vermengen und beiseitestellen.

3 In einer weiteren Schüssel alle Zutaten der Ahornsaftmischung kräftig verrühren und über die Nussmischung geben. Sehr sorgfältig miteinander vermischen.

4 Diese Mischung gleichmäßig auf das Backpapier verteilen und 40–45 Min. im heißen Ofen backen, die Mischung dabei etwa alle 15 Min. umrühren, damit sie gleichmäßig röstet.

5 Wenn das Granola schön goldbraun ist, aus dem Backofen holen und komplett auskühlen lassen. Erst dann die Früchte untermischen und servieren.

TIPPS & TRICKS

In einem luftdichten Behälter hält sich dieses Granola etwa einen Monat.

NUSSMILCH

MENGE *4 Becher (1 l)*   *5 Min.*   *8 Std.*
KATEGORIE *glutenfrei · laktosefrei · roh · vegetarisch*

Ihnen ist vermutlich schon aufgefallen, dass ich eher keine Kuhmilch trinke, ich halte es lieber mit Mandelmilch. Glücklicherweise gibt es die inzwischen in vielen Gemüsegeschäften. Allerdings lässt sie sich nicht mit hausgemachter Nussmilch vergleichen. Um diese herzustellen, brauchen Sie einen guten Standmixer sowie einen Nussmilchbeutel oder ein sehr feinmaschiges Sieb, um die Milch zu filtern und so die ideale Textur zu bekommen. Die übriggebliebene Nussmasse hebe ich auf, um Crème Budwig zuzubereiten (s. Rezept auf S. 57).

SCHOKOLADEN- CASHEWMILCH

ZUTATEN

1½ Becher (225 g) ungesalzene Cashewnüsse

4 Becher (1 l) kaltes Wasser

½ Becher (60 g) Kakaopulver, roh

¼ Becher (60 ml) Ahornsirup, Honig oder Agavendicksaft

1 Prise Salz

VANILLE- MANDELMILCH

ZUTATEN

1 Becher (140 g) ganze Mandeln

4 Becher (1 l) kaltes Wasser

2 EL Ahornsirup, Honig oder Agavendicksaft

1 TL Vanilleessenz

1 Prise Salz

ZUBEREITUNG

1   Die Mandeln oder Cashewnüsse über Nacht (8 Stunden) in eine Schüssel kaltes Wasser geben.

2   Abgießen und abtropfen lassen, in einen Standmixer geben und glattpürieren.

3   Die Milch filtern und in einen Krug gießen. Sie hält sich sehr gut 4–5 Tage im Kühlschrank.

TIPPS & TRICKS

Um eine reichhaltigere cremigere Milch zu erhalten, die Wassermenge auf 3 Becher reduziere

MENGE *10 Pancakes* · *30 Min.*
KATEGORIE *praktisch · Für Gäste · schwelgerisch · schnell & einfach · vegetarisch*

BANANEN-
& ERDNUSSBUTTER-PANCAKES

SEINE
WAHL

Der Erdnussbutterfan in mir versichert Ihnen, dass, wenn Ekstase ein Aroma hätte, es dieses wäre.

Das Geheimnis leichter fluffiger Pancakes liegt ganz in Ihren eigenen Händen, Sie müssen nur dafür sorgen, den Teig nicht zu sehr zu rühren, nachdem die trockenen Zutaten beigefügt wurden. Wenn Sie zuviel rühren, wird die Mischung durch das Mehl schnell zäh, also: so wenig wie möglich rühren.

Wenn ich diese Pfannkuchen für Gäste mache, bereite ich alles vorab zu. Einige Minuten bevor die Gäste eintreffen, muss ich dann nur schnell die Sauce erhitzen, und die Pfannkuchen im Backofen auf einem mit Backpapier ausgekleideten Backblech aufwärmen.

ZUTATEN

FÜR DIE SAUCE

2 EL Butter (+ mehr zum Kochen)

2 EL brauner Zucker

¼ Becher (70 g) Erdnussbutter

¼ Becher (60 ml) Vanille-Mandelmilch oder einfache Mandelmilch

¼ Becher (60 ml) Ahornsirup

2 reife Bananen, in Scheiben

FÜR DIE PANCAKES

2 reife Bananen, zerdrückt

2 Eier, leicht geschlagen

½ Becher (150 g) Erdnussbutter

¼ Becher (40 g) Puderzucker

1 Becher (250 ml) Vanille-Mandelmilch oder einfache Mandelmilch

1 TL Backpulver

½ Becher (60 g) Mehl

1 Prise Salz

ZUBEREITUNG

1 Die Butter mit dem braunen Zucker, Erdnussbutter, Mandelmilch und Ahornsirup in eine Pfanne geben und 3–4 Min. köcheln lassen, bis die Masse leicht andickt.

2 Die Bananenscheiben hinzufügen und weitere 2 Min. köcheln lassen. Hitze auf niedrigste Stufe reduzieren und bis zum Servieren stehenlassen.

3 Die zerdrückten Bananen, Eier, Erdnussbutter, Puderzucker und Mandelmilch in einer Schüssel sorgfältig vermengen und beiseitestellen.

4 In einer weiteren Schüssel Backpulver, Mehl und Salz vermischen. In die Schüssel mit den feuchten Zutaten geben, und das Ganze unter so wenig Rühren wie möglich vermengen.

5 Ein wenig Butter in einer beschichteten Pfanne zerlassen und etwa ¼ Becher (60 ml) des Teigs hineingießen (so haben alle vier Pfannkuchen dieselbe Größe). 2–3 Min. von jeder Seite braten.

6 Gießen Sie die karamellisierte Bananensauce über die Pfannkuchen und sofort servieren.

TIPPS & TRICKS

Ich nehme für dieses Rezept am liebsten crunchy Erdnussbutter.

EIER BENEDICT & EXPRESS-HOLLANDAISE

MENGE *4 Portionen (2 Eier pro Person)* ✦ *20 Min.*
KATEGORIE *Für Gäste · schwelgerisch · schnell & einfach*

ZUTATEN

3 Eigelb

1 EL Zitronensaft

½ TL Salz

1 Prise Cayennepfeffer

½ Becher (120 g) Butter, zerlassen

¼ Becher (60 ml) weißer Essig (z. B. Balsamico)

8 Eier

4 Toasties, halbiert

8 Scheiben Frühstücksbacon

frischer Schnittlauch, in Röllchen, zum Garnieren

ZUBEREITUNG

1 Die Baconstreifen in einer Pfanne bei mittlerer Hitze auslassen und knusprig braten. Aus der Pfanne heben, auf Küchenpapier abtropfen lassen und beiseitestellen.

2 Eigelb, Zitronensaft, Salz und Cayennepfeffer in einem Standmixer 1 Min. auf höchster Stufe pürieren.

3 Während der Standmixer weiterläuft, langsam die zerlassene Butter in die Mischung fließen lassen.

4 Die Express-Hollandaise in eine kleine Schüssel geben und (zimmerwarm) beiseitestellen.

5 Den Essig mit Wasser (es sollte etwa 5 cm hoch stehen) in einem kleinen Topf einmal aufkochen lassen.

6 Auf mittlere Hitze reduzieren und vorsichtig vier Eier ohne Rühren in das Wasser aufschlagen. Die Eier 3½ Min. sanft köcheln lassen. Dasselbe mit den restlichen vier Eiern wiederholen.

7 Während die Eier garen, die Toasties halbieren und toasten, auf Teller verteilen und mit einer knusprigen Scheibe Bacon belegen.

8 Die Eier mit einer Schaumkelle aus dem Wasser heben und auf die Toasties geben.

9 Hollandaise großzügig darüberlöffeln, mit Schnittlauchröllchen bestreuen, mit Cayennepfeffer bestäuben und sofort servieren.

TIPPS & TRICKS

Pochierte Eier lassen sich am besten so zubereiten: Ein Ei in eine Tasse aufschlagen und dann vorsichtig ins Wasser gleiten und garziehen lassen, das Eiweiß sollte fest und das Eigelb noch flüssig sein.

SCHWEINEFLEISCH-»CRETONS«

Als ich klein war, habe ich stets fasziniert und gleichzeitig irgendwie abgestoßen zugesehen, wie meine Onkel diesen Brotaufstrich heißhungrig großzügig auf Toast gestrichen und mit einfachem gelbem Senf verspeist haben. Und heute geht es mir wie ihnen, ich liebe diese Vermählung von Aromen, und so habe ich mein ganz eigenes Cretons-Rezept kreiert.

ZUBEREITUNG

1 Die Butter in einem größeren Topf zerlassen, und die Zwiebelwürfel darin in etwa 5 Min. glasig und weichbraten.

2 Die restlichen Zutaten hinzufügen und einmal aufkochen lassen. Den Topf bedecken und bei niedriger Hitze etwa 1 Std. 30 Min. köcheln lassen, dabei gelegentlich umrühren.

3 Noch einmal abschmecken, und die Mischung auf einzelne Souffléförmchen verteilen.

4 Die Masse in den Soufléeförmchen ein wenig festdrücken und komplett auskühlen lassen, bevor Sie die Förmchen in den Kühlschrank geben oder einfrieren oder sofort genießen.

ZUTATEN

2 EL Butter

1 Becher (130 g) feingehackte Zwiebel

900 g nicht zu mageres Schweinehack

1 Knoblauchzehe, feingehackt

2 Becher (220 g) Semmelbrösel

2 Becher (500 ml) Milch

2 EL Dijonsenf

1 Beutel Instant-Zwiebelsuppe

1 EL Bohnenkraut, gehackt

½ TL Salz

frisch gemahlener Pfeffer

TIPPS & TRICKS

Dieser Brotaufstrich ist eine Spezialität der kanadischen Provinz Quebec.
Geschmacklich erinnert er an Pâté, ist aber gröber.

SEINE
WAHL

MENGE *10 Burritos*   *30 Min.*
KATEGORIE *praktisch · glutenfrei · schnell & einfach · vegetarisch*

IM VORAUS ZUBEREITETE
FRÜHSTÜCKS-BURRITOS

Bis Alex und ich uns kennenlernten, hat er sehr viel Fastfood gegessen. Er meinte, dass lag daran, dass er nicht die Zeit und die Energie hatte für sich selbst zu kochen. Aber ich glaubte, es lag eher daran, dass er keine Ideen hatte, was er sich kochen sollte und nicht wusste, wie er sich zeitsparende Gerichte im Voraus zubereiten konnte. Während der nächsten Monate habe ich meine Theorie dann in der Praxis getestet und Alex ein paar grundsätzliche Dinge beigebracht, um Gerichte im Voraus zuzubereiten. Und, was glauben Sie kam dabei raus? Jetzt steht er neben mir an der Küchentheke und ist ganz und gar meiner Meinung, dass es sich lohnt, Mahlzeiten im Voraus zuzubereiten, denn es spart Zeit, Geld und Energie.

Diese Burritos lassen sich für mehrere Monate einfrieren und sind im Nu in der Mikrowelle heiß gemacht. Ein perfektes Rezept, wenn es morgens schnell gehen soll.

ZUTATEN

8 Eier

Salz, frisch gemahlener Pfeffer

Olivenöl, zum Kochen

½ Zwiebel, feingehackt

1 rote Spitzpaprika, kleingewürfelt

½ Jalapeño-Schote, entkernt + feingehackt

1 Dose (540 g) schwarze Bohnen, abgossen, abgespült + ganz leicht mit der Gabel zerdrückt

¼ Becher (60 ml) Wasser

1 EL Honig

¼ TL geräuchertes Paprikapulver

1 EL frischer Oregano, feingehackt

1½ Becher (200 g) geriebener Monterey Jack-Käse oder mittelalter Gouda

10 mittelgroße Weizentortillas

ZUBEREITUNG

1 Die Eier in einer Schüssel verrühren und salzen und pfeffern.

2 In einer großen beschichteten Pfanne ein wenig Olivenöl erhitzen. Die Eimasse hineingießen und unter stetigem Rühren braten, bis sie die Konsistenz von sehr fluffigem Rührei hat. Beiseitestellen.

3 In einer großen Pfanne etwas mehr Olivenöl erhitzen, und die Zwiebel, roten Paprikawürfel, und die Jalapeño darin weichbraten, das dauert etwa 5 Min. Die Bohnen, Wasser, Honig, geräuchertes Paprikapulver und Oregano hineingeben und großzügig salzen und pfeffern. 5 Min. köcheln lassen.

4 Einen ½ Becher (65 g) des geriebenen Käses hineinrühren und beiseitestellen.

5 Die Tortillas auf einer Arbeitsfläche auslegen, die Eimasse und Bohnenmischung darauf verteilen und mit dem restlichen geriebenen Käse bestreuen.

6 Die Tortillas aufrollen, einzeln in Frischhaltefolie wickeln und einfrieren.

7 Zum Servieren, einfach aus der Folie wickeln, und für 1–2 Min. in der Mikrowelle erhitzen. Absolut köstlich!

MENGE *1 ½ Becher* · *35 Min.*

KATEGORIE *Für Gäste · Mitbringsel · glutenfrei · schwelgerisch · vegetarisch*

Wann immer ich eine Portion dieser Birnenbutter zubereite, bin ich verblüfft wie viele verschiedene Arten es gibt, sie zu servieren: Ich liebe es, sie einfach auf Toast oder Croissants zu streichen oder einen ordentlichen Klecks davon in meine Smoothies zu geben oder sie einfach nur in eine Schüssel mit griechischem Vanillejoghurt zu rühren.

Was ich auch sehr gern mag, ist ein Birnenbutter-Quinoa-Brei. Dazu einfach einen ¼ Becher (60 g) Quinoa in einem ½ Becher (125 ml) Mandelmilch aufkochen, ein wenig Birnenbutter kräftig hineinrühren und mit einigen karamellisierten Nüssen garniert servieren.

BIRNEN-
BUTTER

ZUTATEN

1 EL Butter, zum Kochen

6 Birnen, geschält, entkernt + gewürfelt

1 EL Zitronensaft

¼ Becher (45 g) brauner Zucker

½ TL Vanilleessenz

½ Becher (125 g) kalte Butter, gewürfelt

ZUBEREITUNG

1 Die Butter in einem großen Topf
   zerlassen, Birnen, Zitronensaft, Zucker
   und Vanilleessenz hineingeben.

2 15 Min. bei niedriger Hitze köcheln
   lassen, dabei gelegentlich umrühren.

3 Den Topf vom Herd ziehen und
   10–15 Min. abkühlen lassen.

4 Die Masse mit einem Zauberstab
   glattpürieren, dann die kalten
   Butterwürfel einzeln dazugeben und
   jeweils vollständig unterrühren.

5 Die Birnenbutter in kleine Töpfchen
   verteilen und komplett auskühlen
   lassen.

Als mein Bruder und ich noch klein waren, hat mein Vater oftmals Crème Budwig zubereitet. Es handelt sich dabei um ein Rezept eines Schweizer Ernährungswissenschaftlers, das mein Vater gekocht hat, weil es gesund war, und wir gegessen haben, weil es lecker war. Noch heute esse ich diese Frühstückskösteichkeit sehr gerne, habe sie aber meinem heutigen Geschmack angepasst.

CRÈME BUDWIG & FRISCHE FRÜCHTE

MENGE *2 Portionen* 🥄 *10 Min.*
KATEGORIE *glutenfrei · laktosefrei · schnell & einfach · roh · vegetarisch*

ZUTATEN

½ Becher (125 ml) Vanille-Mandelmilch oder einfache Mandelmilch

1 reife Banane

1 kleiner grüner Apfel, geschält, entkernt + in Spalten geschnitten

Saft einer ½ Zitrone

1 EL Ahornsirup, Honig oder Agavendicksaft

4 Datteln, entkernt + kleingewürfelt

1 EL gemahlene Chiasamen

1 EL Leinsamenmehl

1 EL Sonnenblumenkerne, gemahlen

frische Früchte Ihrer Wahl, zum Garnieren

ZUBEREITUNG

1 Mandelmilch, Banane, Apfel, Zitronensaft und Ahornsirup in einem Standmixer pürieren, bis die gewünschte Konsistenz erreicht ist (ich mag es am liebsten ein bisschen stückig)

2 Die Mischung in eine große Schüssel gießen und Datteln, Chiasamen, Leinsamenmehl und Sonnenblumenkerne dazugeben und gut vermengen.

3 Mit frischen Früchten garniert servieren. Wer es süßer mag, gibt noch ein wenig Ahornsirup dazu.

TIPPS & TRICKS

Wenn dies als komplettes Frühstück dienen soll, ersetze ich die Mandelmilch durch griechischen Joghurt oder Seidentofu.

KAPITEL

Nr. 2

Snacks & kleine Häppchen

CHEDDAR-MUFFINS MIT APFEL & AHORNSIRUP

ZUTATEN

1 Becher (125 g) Mehl

1 TL Backpulver

1 Prise Salz

1 Ei

1 TL Zitronensaft

¼ Becher (60 ml) Milch

½ Becher (125 ml) Ahornsirup

1 Becher (125 g) roter Apfel, mit Schale gerieben

1 Becher (125 g) alter Cheddar, gerieben

ZUBEREITUNG

1   Backofen auf 180°C vorheizen. Ein Muffinblech mit 6 Muffinpapierförmchen auskleiden und beiseitestellen.

2   Mehl, Backpulver und Salz in einer Schüssel vermengen und beiseitestellen.

3   In einer weiteren Schüssel Ei, Zitronensaft und Ahornsirup kräftig verrühren.

4   Die feuchten und trockenen Zutaten sorgfältig miteinander vermengen, dann den geriebenen Apfel und den Cheddar hineinrühren.

5   Die Masse auf die Muffinförmchen verteilen und 22–25 Min. im heißen Ofen backen.

ROTE-BETE HUMMUS

MENGE *1½ Becher*   *5 Min.*   *25 Min.*
KATEGORIE *praktisch · Für Gäste · glutenfrei ·laktosefrei · schnell & einfach · vegetarisch*

Jedesmal wenn ich Hummus zubereite, gibt mein Mann, der Hummus liebt, ein Wort-spiel zum Besten, bei dem er das Wort houmour (also Humor) durch houmous ersetzt: » … ça me rend de bon houmous (das macht mir gute Laune)«. Und jedesmal muss ich über dieses Wortspiel lachen (und stöhnen), weil es so doof ist. Jedenfalls hat mich die Liebe meines Mannes zum Hummus dazu gebracht, sogar zwei Rezepte zu kreieren, um ihm gute Laune zu verschaffen, wenn er mal nicht ganz so gut drauf ist. Und ich muss zugeben, dass ich auf beide Rezepte stolz bin, denn sie zeigen, dass es diese glücklichen Momente sind, die mich zu meinen besten Rezepten inspirieren, und das macht wiede-rum mir gute Laune (» … ça me rend de bon houmous«)!

ZUTATEN

- *1 Becher (150 g) rote Bete, geschält + gewürfelt*
- *1 Dose (540 g) Kichererbsen, abgegossen + abgespült*
- *¼ Becher (60 ml) Pflanzenöl*
- *¼ Becher (60 ml) Wasser*
- *¼ Becher (60 ml) Tahini*
- *1 Knoblauchzehe*
- *Saft von 1 Zitrone*
- *½ TL Salz, frisch gemahlener Pfeffer*

ZUBEREITUNG

1 Die rote Bete in einen kleinen Topf geben und mit Wasser bedecken. Einmal aufkochen lassen, Hitze reduzieren und 20 Min. weiterköcheln.

2 Abgießen und mit allen anderen Zutaten in einen Standmixer geben, glattpürieren, noch einmal abschmecken und vor dem Servieren komplett auskühlen lassen.

HUMMUS MIT GERÖSTETEM KNOBLAUCH

ZUTATEN

1 Knoblauchknolle

Olivenöl

Salz, frisch gemahlener Pfeffer

1 Dose (540 g) Kichererbsen, abgegossen + abgespült

¼ Becher (60 ml) Pflanzenöl

¼ Becher (60 ml) Wasser

2 EL Tahini

Saft von 1 Zitrone

geräuchertes Paprikapulver, zum Garnieren

gehackte glatte Petersilie, zum Garnieren

ZUBEREITUNG

1   Backofen auf 190 °C vorheizen.

2   Den oberen Teil der Knoblauchknolle mit einem geraden Schnitt abschneiden, um die Zehen zu entblößen. Auf ein Stück Alufolie setzen, ein wenig Olivenöl darüberträufeln, salzen und pfeffern und fest in die Alufolie einwickeln. 30 Min. im heißen Ofen rösten, dann abkühlen lassen, bis die Knolle nur noch warm ist.

3   Pressen Sie nun die Unterseite der Knolle zusammen und drücken so die Knoblauchzehen heraus.

4   Geben Sie die Zehen mit den restlichen Zutaten in einen Standmixer. Glattpürieren, noch einmal abschmecken und den Hummus vor dem Servieren komplett abkühlen lassen.

5   Den Hummus mit ein wenig geräuchertem Paprikapulver und gehackter glatter Petersilie besprenkeln und servieren.

SCHOKORIEGEL MIT
DATTELN, KOKOSNUSS
& MANDELN

REZEPT AUF S. 68

SCHOKORIEGEL MIT DATTELN, KOKOSNUSS & MANDELN

MENGE *8–10 Riegel* 🥄 *25 Min.* 🕐 *1 Std.*
KATEGORIE *Mitbringsel · glutenfrei · laktosefrei · roh · vegetarisch*

Es kommt kaum vor, dass in unserer Küche keine Schale mit diesen Schokoriegeln steht; wir essen nämlich so viele davon, dass ich eigentlich jede Woche welche zubereite. Das Geheimnis, die Schokoriegel so herzustellen, dass sie einerseits zusammenhalten, aber andererseits nicht zu fest werden, liegt an der Qualität der Datteln. Ich rate Ihnen Bio-Datteln zu kaufen, die glänzen, die alle dieselbe Farbe haben und deren Haut nicht gerissen ist. Lassen Sie die Datteln liegen, deren Haut gerissen, stumpf oder verschrumpelt ist.

FOTO AUF S. 66

TIPPS & TRICKS

In einem luftdichten Behälter halten sich die Riegel 7–8 Tage.

ZUTATEN

2 Becher (340 g) Medjoul-Datteln, entkernt

1 Becher (130 g) Mandelmehl

½ Becher (125 g) Mandelbutter

1 Becher (100 g) Kokosflocken (ungesüßt)

¼ Becher (90 g) Honig

100 g dunkle Schokolade, 70% Kakaoanteil

2 EL Kokosnussöl

ZUBEREITUNG

1   Kleiden Sie eine quadratische 20 x 20 cm große Form mit Frischhaltefolie aus und stellen Sie diese beiseite.

2   Geben Sie die Datteln in eine kleine Schüssel, mit warmem Wasser bedecken und 10. Min. quellen lassen, dann das Wasser abgießen.

3   Datteln, Mandelmehl, Mandelbutter, Kokosnuss und Honig in einen Standmixer geben und glattpürieren.

4   Diese Masse auf der Frischhaltefolie gleichmäßig ausstreichen und beiseitestellen.

5   Schmelzen Sie die Schokolade im Wasserbad oder in der Mikrowelle. Kokosnussöl hinzufügen und gründlich vermengen. Auf die Dattelmasse gießen und gleichmäßig über der gesamten Oberfläche verteilen. Mind. 1 Std. kaltstellen und dann in Quadrate schneiden.

Die Idee zu diesem Rezept kam mir, als ich ein Tiramisu für ein Essen mit Freunden zubereitete. Ich hatte nämlich ein wenig Mascarpone übrig und dachte, dass ich diesen Käse der Luxusklasse für irgendeine köstliche Kleinigkeit aufbrauchen sollte. Nachdem ich meine Vorräte nach passenden Zutaten durchforstet hatte, kreierte ich diese aromatischen Häppchen, die sich sofort als Hit erwiesen.

Die Aprikosen, die ich dafür nutzte, sind getrocknete Bio-Aprikosen, daher die bräunliche Farbe auf dem Foto. Auch wenn ich Ihnen gewiss nichts vorschreiben möchte, rate ich trotzdem zu den biologisch angebauten Aprikosen, selbst wenn sie nicht so eine schöne orange Farbe haben wie die konventionell angebauten.

MIT MASCARPONE, PISTAZIEN & HONIG GEFÜLLTE APRIKOSEN

MENGE *22 mundgerechte köstliche Häppchen* 🥄 *20 Min.*
KATEGORIE *Für Gäste · glutenfrei · schnell & einfach · vegetarisch*

ZUBEREITUNG

1 Backofen auf 180°C vorheizen. Ein Backblech mit Backpapier auskleiden und beiseitestellen.

2 Alle Zutaten für die Füllung in einer Schüssel vermengen, salzen und pfeffern und beiseitestellen.

3 Die Aprikosen zur Hälfte (wirklich zur Hälfte) aufschlitzen, damit eine Tasche entsteht.

4 Die Aprikosen füllen und jeweils mit einem Zahnstocher fixieren.

5 Die gefüllten Aprikosen auf das Backblech geben und 3–4 Min. im heißen Ofen backen. Sofort servieren.

ZUTATEN

22 große getrocknete Aprikosen zum Füllen

FÜR DIE FÜLLUNG

½ Becher (110 g) Mascarpone

¼ Becher (30 g) geröstete Pistazien, grobgehackte

Schale von ½ Orange

1 TL frischer Ingwer, geschält + feingehackt

1 EL Honig

Salz, frisch gemahlener Pfeffer

Warnung! Dieses Rezept macht süchtig. Ich bereite oft gleich die doppelte Portion zu und nehme dann eine als Geschenk für meine Gastgeber mit, wenn ich zum Beispiel zu einer Dinner-Party eingeladen worden bin. Ansonsten ist dies nicht nur ein schwelgerischer Snack, sondern die Nüsse können auch, statt Croutons, sehr gut an Salate gegeben werden.

PIKANT GEWÜRZTE NÜSSE

ZUTATEN

1 Eiweiß

3 Becher (etwa 400 g) gemischte Nüsse Ihrer Wahl

(Mandeln, Erdnüsse, Paranüsse, Cashewnüsse,

Macadamianüsse, Walnüsse etc.)

Gewürzmischung Ihrer Wahl (s. S. gegenüber)

ZUBEREITUNG

1 Backofen auf 150 °C vorheizen. Ein Backblech mit Backpapier auskleiden und beiseitestellen.

2 Das Eiweiß in einer Schüssel mit einem Handrührgerät sehr steifschlagen.

3 Die Nüsse hinzufügen und sanft mit einem Löffel unterheben.

4 Dann wiederum sanft eine der vier Gewürzmischungen hineinrühren.

5 Die Nüsse gleichmäßig auf dem Backpapier verteilen und 40 Min. rösten, dabei nach der Hälfte der Backzeit einmal umrühren.

6 Vor dem Servieren komplett auskühlen lassen.

MENGE *3 Becher (etwa 400 g) pro Gewürzmischung* 🥄 *8 Min.* 🕐 *40 Min.*
KATEGORIE *Für Gäste · Mitbringsel · glutenfrei · schwelgerisch · laktosefrei · vegetarisch*

PIKANTES ZIMTGEWÜRZ

½ Becher (125 g) Zucker

1 TL Zimtpulver

¼ TL geräuchertes
Paprikapulver

⅛ TL Cayennepfeffer

½ EL Salz

CURRY-AHORNSIRUP

½ Becher (125 g)
Ahornzucker

1 TL Currypulver

½ EL Salz

BARBECUE

½ Becher (125 ml) Zucker

1 TL Paprikapulver

¼ TL Cayennepfeffer

½ TL Kreuzkümmel

½ TL Senfpulver

½ EL Salz

SÜSS & SALZIG

½ Becher (125 g) Zucker

½ EL Salz

PARMESAN-CRACKER

Das Besondere an diesen Crackern ist, dass sie wirklich zu jedem Partygericht passen, ebenso in jede Lunchbox und außerdem Kindern und Erwachsenen gleich gut schmecken!

Und es macht Spaß ihnen besondere Formen zu geben: Falls Sie z. B. ein geriffeltes Teigrad besitzen, sollten Sie sie damit zuschneiden. Das sieht mega-elegant aus!

MENGE *20 Cracker* 🥄 *15 Min.* 🕐 *10 Min.*
KATEGORIE *Für Gäste · Mitbringsel · schnell & einfach · vegetarisch*

75

ZUTATEN

¼ Becher (60 ml) Sahne

1 EL Ahornsirup

1 EL Balsamico

1 Becher (125 g) Mehl

½ Becher (125 g) Parmesan, gerieben

1 Prise Salz

5 EL kalte Butter, gewürfelt

ZUBEREITUNG

1   Backofen auf 200 °C vorheizen. Ein Backblech mit Backpapier auskleiden und beiseitestellen.

2   Sahne, Ahornsirup und Balsamico in einer Schüssel verrühren und beiseitestellen.

3   Mehl, Parmesan, Salz und Butter in einem Standmixer pulsen, bis eine krümelige Konsistenz erreicht ist.

4   Die flüssigen Zutaten hinzufügen und weiterpulsen, bis sich ein Teig gebildet hat.

5   Den Teig auf einer bemehlten Arbeitsfläche etwa 6 mm dick ausrollen.

6   Mit einem cookie cutter etwa 20 Cracker ausschneiden, und mit einer Gabel Löcher in jeden Cracker stechen.

7   Die Cracker auf das Backblech verteilen und 10–12 Min. im heißen Ofen backen, bis sie goldbraun sind.

SNACKS & KLEINE HÄPPCHEN

TIPPS & TRICKS

Die Cracker bleiben in einem luftdichten Behälter für etwa 7 Tage knusprig.

Es ist unmöglich, den Abend im Haus meiner Schwiegermutter nicht damit zu verbringen, ihre köstlichen *amuse geules*, kleinen Häppchen, zu verputzen, die immer wunderschön in Schüsseln und Schälchen auf ihrem antiken Holztisch präsentiert werden. Sie ist eine ausgezeichnete Köchin (das heißt auf Alex bezogen, dass der Apfel leider sehr weit entfernt vom Baum gefallen ist), und sie liebt schöne Tischdekorationen, so wie ich auch. Ihre Schränke sind gefüllt mit wunderschönem Porzellan, und in ihrem Haus duftet es immer göttlich. Bei einem Besuch im letzten Sommer hatte sie diese Salsa vorbereitet, und ich wusste bereits nach dem ersten Happen, dass ich dieses Rezept »klauen« würde (mit ihrer Erlaubnis, selbstverständlich) damit jeder in den Genuss dieser Köstlichkeit kommen kann.

MANGO-TOMATEN-ANANAS-SALSA

MENGE *6–8 Portionen*   *20 Min.*   *20 Min.*
KATEGORIE *Für Gäste · glutenfrei · laktosefrei · roh · vegetarisch*

ZUTATEN

1 Dose (540 g) stückige Ananas

1 Mango, kleingewürfelt

½ rote Paprikaschote, kleingewürfelt

½ gelbe Paprikaschote, kleingewürfelt

¼ Becher (40 g) rote Zwiebel, feingehackt

2 EL feingehacktes Koriandergrün

Saft von ½ Limette

½ TL Zucker

Tabasco (optional)

Salz, frisch gemahlener Pfeffer

ZUBEREITUNG

1   Die Ananas sehr gut abtropfen lassen und in eine Schüssel geben.

2   Die restlichen Zutaten hinzufügen, kräftig vermengen und großzügig salzen und pfeffern. Die Salsa 20 Min. im Kühlschrank durchziehen lassen und dann genießen!

EISPOPS

ZUBEREITUNG

1   Alle Zutaten eines der Eispop-Rezepte ihrer Wahl in einen
    Standmixer geben und glattpürieren.

2   Die Masse auf die Eispop-Mulden verteilen
    und die Holzstiele hineinstecken.

3   Tiefkühlen, bis sie richtig gefroren sind und servieren.

ERDBEER, AHORNSIRUP & BASILIKUM

6 EL Ahornsirup

½ Becher (125 ml) Wasser

2 EL frische Basilikumblätter

5 Becher (800 g) Erdbeeren, geputzt

MENGE *12 Eispops pro Rezept* 🖍 *10 Min.* 🕐 *2 Std. oder mehr*
KATEGORIE *praktisch · glutenfrei · vegetarisch*

GRÜNER APFEL & JOGHURT

1 grüner Apfel, entkernt
2 Becher (500 ml) Vanillejoghurt
½ Becher (120 g) Blattspinat
3 EL Honig
1 Becher (250 ml) Wasser

ANANAS & KOKOSNUSS

1 Dose (400 ml) Kokosmilch
¼ Becher (60 ml) Honig
5 Becher (500 g) schöne reife Ananas, gewürfelt

Nr. 3

Lunch & Salate

GEBACKENE TOMATEN MIT FETA, BALSAMICO, PISTAZIEN & FRISCHEM THYMIAN

MENGE *4 Portionen*   *5 Min.*   *20 Min.*
KATEGORIE *Für Gäste · glutenfrei · schnell & einfach · vegetarisch*

ZUTATEN

etwa 20 (400 g) Cherrytomaten an der Rispe

genug Olivenöl zum Rösten

3 EL Balsamico

4 Stengel frischer Thymian

Salz, frisch gemahlener Pfeffer

1 Becher (115 g) Feta, zerkrümelt

½ Becher (60 g) Pistazien, grobgehackt

ZUBEREITUNG

1   Backofen auf 180°C vorheizen.

2   Die Tomaten in eine Auflaufform geben, sehr großzügig mit Olivenöl begießen, bis sie zu fast ⅔ im Öl liegen. Mit dem Balsamico begießen, die Thymianzweige hineingeben, und das Ganze großzügig salzen und pfeffern. 20 Min. im heißen Ofen auf der mittleren Schiene rösten.

3   Den zerkrümelten Feta auf einer große Servierplatte verteilen, die gerösteten Tomaten daraufgeben, die Blättchen von den Thymianzweig sowie die Pistazien darüberstreuen und sofort servieren.

Wir haben oft die Tendenz, uns selbst unter Stress zu setzen, wenn wir Gäste eingeladen haben oder aber zu einem Potluck-Dinner eingeladen sind, weil wir nicht wissen, was wir zubereiten sollen.

Wir wollen die anderen erstaunen oder sogar beeindrucken und sind dann so sehr mit dem Erfreuen der anderen beschäftigt, dass wir unsere eigene Freude ganz vergessen. Aber es ist doch so: Sich in der Küche am Kochen zu erfreuen, ist der Schlüssel zum Erfolg! Die Idee für dieses »Rindenlose Sandwich-Buffet« kam mir, weil ich Alex zeigen wollte, dass dieser oft verkannte und unterschätzte altmodische Party-Klassiker sehr wohl ein umwerfender Erfolg sein kann.

Und so verbrachte ich einen fröhlichen Nachmittag in der Küche, währenddessen mein Mann nichts Besseres zu tun hatte, als mich wegen des altmodischen Gerichts unentwegt aufzuziehen. Das bewirkte aber nur, dass meine Kreativität um 200% in die Höhe schnellte. Und der krönende Moment war, als meine Gäste in begeisterte »Ooohs« und »Aaahs« ausbrachen und ich Alex zurufen konnte: *Hab ich's dir nicht gesagt!*

Es läuft doch immer auf dasselbe hinaus: Jegliche Sorgen, ob mein Essen den Gästen schmecken wird, verschwinden, wenn ich mich selbst nicht zu wichtig nehme. Also: Wenn ein Gericht den Gästen besonders gut schmeckt, ist das schön, und wenn eines nicht so gut ankommt, wie ich gehofft hatte, dann lächle ich halt und erinnere mich daran, wieviel Spaß es mir gemacht hat, es zuzubereiten.

RINDENLOSE SANDWICHES DELUXE

SANDWICH-REZEPTE GEHEN WEITER AUF S. 86

PIKANTER SHRIMPAUFSTRICH

ZUTATEN

2 Becher (650 g) Garnelen

½ Becher (125 ml) Mayonnaise (gekauft oder s. Rezept S. 137)

1 EL Sriracha Sauce (scharfe thailändische Chilisauce)

¼ TL Sahnemeerrettich

¼ Becher (25 g) Schnittlauch, in Röllchen

¼ TL Salz

frisch gemahlener Pfeffer

10 Scheiben weißes Sandwichbrot

ZUBEREITUNG

1. Die Shrimps in einem Standmixer pürieren und in eine Schüssel geben.

2. Die restlichen Zutaten hinzufügen und mit einem Löffel gut vermengen, 5 Scheiben Sandwichbrot mit der Masse gleichmäßig bestreichen.

3. Die Masse jeweils mit einer weiteren Scheibe Sandwichbrot bedecken, und die Rinde mit einem scharfen Messer abschneiden. Die Sandwiches in Dreiecke schneiden und servieren.

CURRY-HUHN-AUFSTRICH

ZUTATEN

2 große oder 3 kleine Hühnerbrüste, gekocht + abgekühlt

¼ Becher (25 g) glatte Petersilie, gehackt

½ Becher (125 ml) Mayonnaise (gekauft oder s. Rezept S. 137)

1 EL Currypulver

Saft von ½ Limette

¼ TL Salz

frisch gemahlener Pfeffer

10 Scheiben weißes Sandwichbrot

ZUBEREITUNG

1 Das Hühnerfleisch in grobe Stücke schneiden, in einen Standmixer geben und pürieren, dann in eine Schüssel geben.

2 Die restlichen Zutaten hinzufügen und mit einem Löffel gut vermengen, 5 Scheiben Sandwichbrot mit der Masse gleichmäßig bestreichen.

3 Die Masse jeweils mit einer weiteren Scheibe Sandwichbrot bedecken und die Rinde mit einem scharfen Messer abschneiden. Die Sandwiches in Dreiecke schneiden und servieren.

RINDENLOSE SANDWICHES DELUXE

WEITER VON S. 85

LACHSAUFSTRICH

ZUTATEN

400 g frischer Lachs (ohne Haut), gewürfelt

¼ Becher (60 ml) Sahne

Saft von ½ Zitrone

120–130 g geräucherter Lachs

¼ Becher (30 g) Dill, gehackt (oder andere Kräuter Ihrer Wahl)

2 Frühlingszwiebeln, feingehackt

2 EL Butter, zerlassen

3 EL Mayonnaise (gekauft oder s. Rezept S. 137)

¼ TL Salz

frisch gemahlener Pfeffer

10 Scheiben weißes Sandwichbrot

ZUBEREITUNG

1 Den frischen Lachs, Sahne und Zitronensaft in einen kleinen Topf geben und großzügig salzen und pfeffern. Bei mittlerer Hitze köcheln lassen, bis der Lachs gar ist, das dauert etwa 5 Min.

2 Den Lachs abtropfen lassen und in einen Standmixer geben.

3 Den geräucherten Lachs hinzufügen und mixen, bis die gewünschte Konsistenz erreicht ist. Die Masse in eine Schüssel geben.

4 Die restlichen Zutaten hinzufügen und mit einem Löffel gut vermengen, 5 Scheiben Sandwichbrot mit der Masse gleichmäßig bestreichen.

5 Die Masse jeweils mit einer weiteren Scheibe Sandwichbrot bedecken und die Rinde mit einem scharfen Messer abschneiden. Die Sandwiches in Dreiecke schneiden und servieren.

PESTOS

KLASSISCHES PESTO

½ Becher (70 g) Pinienkerne, geröstet

2 Becher (240 g) frische Basilikumblätter

1 Knoblauchzehe

½ Becher (125 ml)
Pflanzenöl (Erdnuss-, Raps-,
Sonnenblumen-, Traubenkernöl etc.)

¼ Becher (60 ml) natives Olivenöl

Saft + Schale von ½ Zitrone

3 EL Parmesan, gerieben

Salz, frisch gemahlener Pfeffer

NUSSFREIES-PESTO

½ Becher (200 g) Sojabohnen

½ Becher (60 g) frische Basilikumblätter

1 Knoblauchzehe

½ Becher (125 ml) Pflanzenöl (Erdnuss-, Raps-,
Sonnenblumen-, Traubenkernöl etc.)

Saft + Schale von ½ Zitrone

3 EL Parmesan, gerieben

Salz, frisch gemahlener Pfeffer

PISTAZIEN-PESTO

1 Becher (125 g) Pistazien

½ Becher (60 g) frische Basilikumblätter

1 Knoblauchzehe

½ Becher (125 ml)
Pflanzenöl (Erdnuss-, Raps-,
Sonnenblumen-, Traubenkernöl etc.)

Saft + Schale von ½ Zitrone

3 EL frisch geriebener Parmesan

2 EL Wasser

Salz, frisch gemahlener Pfeffer

CASHEWNUSS-PESTO MIT KORIANDER

1 Becher (130 g) Chashewnüsse

1 Becher (125 g) frisches Koriandergrün

1 Knoblauchzehe

½ Becher (125 ml)
Pflanzenöl (Erdnuss-, Raps-,
Sonnenblumen-, Traubenkernöl etc.)

1 EL geräuchertes Sesamöl

Saft von 1 Zitrone

Salz, frisch gemahlener Pfeffer

TOMATEN- & SONNENBLUMENKERN-PESTO

10–12 sonnengetrocknete Tomaten in Öl, abgetropft

2 EL des Tomatenöls

¼ Becher (60 ml) Pflanzenöl (Erdnuss-, Raps-,
Sonnenblumen-, Traubenkernöl etc.)

¼ oder ½ Becher (35–70 g) Sonnenblumenkerne

2 EL Schnittlauch, grobgehackt

1 Knoblauchzehe

3 EL Parmesan

½ EL Dijonsenf

Salz, frisch gemahlener Pfeffer

ZUBEREITUNG

Jeweils alle Zutaten in einen Standmixer
geben und glattpürieren. Und zum Schluss
noch einmal abschmecken.

MENGE *¾ Becher (180 ml pro Rezept)* *10 Min.*

KATEGORIE *Mitbringsel · glutenfrei · laktosefrei · schnell & einfach · vegetarisch*

ORZOSALAT MIT GERÖSTETEM GEMÜSE, FRISCHEN KRÄUTERN & KNOBLAUCH-VINAIGRETTE

ZUTATEN

FÜR DEN SALAT

1 Becher (60 g) Knollensellerie, geschält, in etwa 5 cm großen Würfeln

2 Becher (120 g) Eichelkürbis, geschält, in etwa 5 cm großen Würfeln

1 Becher (60 g) Karotten, geschält, in etwa 5 cm großen Würfeln

1 Becher (250 ml) rote Zwiebel, feingewürfelt

2 EL Olivenöl

Salz, frisch gemahlener Pfeffer

2 Becher (360 g) Orzo-Nudeln

1 Handvoll glatte Petersilie, gehackt

FÜR DIE VINAIGRETTE

2 Knoblauchzehen, feingehackt

2 EL frische Basilikumblätter, feingehackt

2 EL Limettensaft

1 EL Honig

¼ Becher (60 ml) Rapsöl

Salz, frisch gemahlener Pfeffer

ZUBEREITUNG

1 Backofen auf 230°C vorheizen. Ein Backblech mit Backpapier auskleiden und beiseitestellen.

2 Sellerie-, Kürbis- und Karotten- und Zwiebelwürfel mit dem Olivenöl sowie Salz und Pfeffer in einer Schüssel gründlich vermengen und gleichmäßig in einer Lage auf das Backpapier verteilen. 20 Min. im heißen Backofen backen, das Gemüse soll gut geröstet sein, aus dem Backofen nehmen und beiseitestellen.

3 Salzwasser in einem großen Topf zum Kochen bringen, und die Orzo-Pasta nach Packungsanleitung zubereiten. Die Pasta abgießen, in eine große Salatschüssel geben und sorgfältig mit dem gerösteten Gemüse und der glatten Petersilie vermengen.

4 In einer kleinen Schüssel alle Zutaten für die Vinaigrette kräftig miteinander verrühren und über den Salat gießen. Gut unterrühren, noch einmal abschmecken und servieren.

TIPPS & TRICKS

Falls etwas übrig bleiben sollte (was ich kaum glaube), können Sie den restlichen Salat am nächsten Tag vermischt mit 1 kleinen Dose guten Thunfisch servieren. Orzo-Nudeln sind Hartweizengrießnudeln, die die Form von Getreidekörnern haben.

BAUERNBROT MIT ERBSEN-RICOTTA-AUFSTRICH, PINIENKERNEN & PROSCIUTTO

ZUTATEN

2 EL Butter

¼ Becher (40 g) Zwiebel, feingehackt

1 Becher (150 g) gefrorene Erbsen

2 frische Minzblätter, feingehackt

½ Becher (125 g) Ricotta

Saft von ½ Limette

½ TL Honig

Salz, frisch gemahlener Pfeffer

1 Knoblauchzehe

4 Scheiben Bauernbrot

4 Scheiben italienischer Schinken

2 EL Pinienkerne, geröstet

frisch geriebener Parmesan

MENGE *4 Scheiben Bauernbrot (oder mehr)* *15 Min.*
KATEGORIE *Für Gäste · schwelgerisch · schnell & einfach*

ZUBEREITUNG

1 Die Butter in einem großen Topf zerlassen, und die Zwiebel darin glasig dünsten, das dauert etwa 5 Min.

2 Die Erbsen hinzufügen und heiß werden lassen.

3 Die Masse in eine Schüssel geben und leicht mit eincr Gabel zerdrücken. Minze, Limettensaft, und Honig unterrühren. Mit Salz und Pfeffer abschmecken und beiseitestellen.

4 Die Brotscheiben toasten und jeweils eine Seite mit Knoblauch einreiben.

5 Die Erbsenmischung gleichmäßig auf die mit Knoblauch eingeriebene Seite der Brotscheibe streichen, eine Schinkenscheibe darüber anrichten, mit Pinienkernen und Parmesan bestreuen und servieren.

KARTOFFEL-AVOCADO-BACON-
SALAT MIT MOZZARELLA

Vertrauen Sie mir einfach, was diesen Salat angeht: Diese magische Verbindung von Aromen wird die Art und Weise, wie Sie Kartoffelsalat zubereiten und essen, für immer verändern! Und das liegt an den vier Hauptzutaten. Der knusprige Bacon in Verbindung mit der cremigen Avocado sowie den quietschenden Cheese Curds (s. Tipps & Tricks unten auf der Seite) verleihen der bescheidenen Kartoffel etwas wahrlich Außergewöhnliches. Und keine Sorge: Wenn Sie keine Cheese Curds auftreiben können, dann ersetzen Sie diese einfach durch gewürfelten Mozzarella.

ZUTATEN

MENGE *6–8 Portionen* 🥄 *15 Min.* 🕐 *40 Min.*
KATEGORIE *Für Gäste · schwelgerisch*

FÜR DEN SALAT

6 mittelgroße Kartoffeln mit dünner gelber Haut

2 Avocados, entkernt, geschält + gewürfelt

1 Becher (120 g) Cheese curds oder gewürfelter Mozzarella

6 Scheiben Frühstücksbacon

Salz, frisch gemahlener Pfeffer

FÜR DAS DRESSING

¼ Becher (60 ml) Mayonnaise (gekauft oder s. Rezept S. 137)

¼ Becher (60 g) Schmand oder Crème fraîche

2 EL Dijonsenf

½ Becher (30 g) Schnittlauch, in Röllchen

¼ Becher (40 g) Cornichons, feingehackt

Saft von ½ Zitrone

Salz, frisch gemahlener Pfeffer

ZUBEREITUNG

1 Alle Zutaten für das Dressing in einer kleinen Schüssel kräftig verrühren, abschmecken und während Sie den Salat zubereiten im Kühlschrank ruhen lassen.

2 Die Baconstreifen in einer Pfanne bei mittlerer Hitze auslassen und knusprig braten. Aus der Pfanne heben, auf Küchenpapier abtropfen lassen, zerkrümeln und beiseitestellen.

3 Die Kartoffeln ungeschält in etwa 20 Min. garkochen. Abgießen, etwas abkühlen lassen, und im Kühlschrank vollständig auskühlen lassen.

4 Die Kartoffeln würfeln und in eine große Salatschüssel geben.

5 Alle restlichen Zutaten hinzufügen, das Dressing darübergießen, gut unterrühren, noch einmal abschmecken und servieren.

SEINE WAHL

TIPPS & TRICKS

Bei Cheese curds handelt es sich um eine äußerst beliebte franko-kanadische Spezialität, die auch gern in Wisconsin, USA, genossen wird. Cheese curds sind Bruchstücke vom Cheddarkäse, die quietschen, wenn sie gekaut werden, deshalb werden sie auch Sqeaky cheese, also Quietschkäse, genannt. Seit 2016 sind sie auch in Deutschland zu bekommen.

SÜSSKARTOFFEL PÂTÉ

MENGE *4–6 Portionen* 🥄 *20 Min.* 🕐 *50 Min.*
KATEGORIE *praktisch · glutenfrei · laktosefrei · vegetarisch*

ZUTATEN

½ Becher (65 g) Kürbiskerne

¼ Becher (40 g) Sonnenblumenkerne

1 EL Olivenöl

225 g Champignons, geputzt, in Scheiben

Salz, frisch gemahlener Pfeffer

1 Becher (130 g) Zwiebeln, grobgehackt

1 Becher (200 g) Süßkartoffeln, geschält + grobgehackt

½ TL getrockneter Oregano

1 TL frischer Thymian, gehackt

¼ Becher (60 g) Mandelbutter

ZUBEREITUNG

1 Backofen auf 230 °C vorheizen. Ein Backblech mit Backpapier auskleiden und beiseitestellen.

2 Die Kürbis- und Sonnenblumenkerne in einer Pfanne ohne Fett rösten, bis es duftet. Die Kerne in einem Standmixer feinpürieren und dort lassen.

3 Olivenöl in der Pfanne, in der die Kerne geröstet wurden, erhitzen und die Pilzscheiben darin schön goldbraun anbraten (s. Tipps & Tricks unten), mit Salz und Pfeffer abschmecken.

4 Die Pilze und alle restlichen Zutaten in den Standmixer geben und pürieren, bis eine glatte Paste entstanden ist. Großzügig salzen und pfeffern und die Masse in eine beschichtete Kastenform füllen.

5 50–60 Min. im heißen Ofen backen, komplett auskühlen lassen und servieren.

TIPPS & TRICKS

Um goldbraune nussige Pilze zu erhalten, müssen Sie das Öl in der Pfanne sehr hoch erhitzen,
die Pilze hineingeben und nicht umrühren, sondern warten, bis sie von der Unterseite schön braun sind.
Dann einmal wenden und wieder warten, bis die andere Seite schön gebräunt ist. Wenn Sie sie bei zu
niedriger Hitze braten und zu oft rühren, verlieren Sie Wasser und statt zu karamellisieren,
werden sie gekocht – und wer will schon gekochte Pilze essen!

Ich könnte ein ganzes Buch füllen mit meinen Bowl-Rezepten, also eine große Schüssel voller köstlicher Zutaten: Die Variationsmöglichkeiten sind endlos! Sie nehmen einfach Ihre frischen Lieblingszutaten, arrangieren diese in einer großen Schüssel, und servieren Sie mit einer Vinaigrette Ihrer Wahl. Sie brauchen Anregungen? Dann beginnen Sie doch einfach mit ein paar dieser Zutaten und fügen dann z. B. Folgendes hinzu: brauner Reis oder Wildreis, Paranüsse, Cashewnüsse, geriebene Bete, Tomaten, Tofu, Tempeh, etc. …

WELLNESS-BOWL MIT HIMBEER-BALSAMICO-VINAIGRETTE

MENGE *4–6 Portionen* 🥄 *30 Min.*
KATEGORIE *glutenfrei · laktosefrei · schnell & einfach · vegetarisch*

ZUTATEN

½ *Becher (30 g) Quinoa*

½ *Becher (30 g) geriebene Karotten*

½ *Becher (30 g) Rotkohl, in feinen Streifen*

¼ *Becher (30 g) Walnüsse*

1 *Avocado, in Spalten*

FÜR DIE VINAIGRETTE

½ *Becher (80 g) frische Himbeeren*

2 *TL Balsamico*

1 *TL Zucker*

½ *Becher (125 ml) Rapsöl*

Salz, frisch gemahlener Pfeffer

ZUBEREITUNG

1 Quinoa unter kaltem Wasser abspülen, abgießen und mit 1 Becher (250 ml) Wasser in einen Topf geben und aufkochen lassen.

2 Die Hitze auf das Minimum reduzieren und etwa 15 Min. oder bis das gesamte Wasser absorbiert wurde, quellen lassen.

3 Die Vinaigrette-Zutaten in einen Standmixer geben, glattpürieren und bis zum Servieren im Kühlschrank ruhen lassen.

4 Alle Zutaten in einer Schüssel hübsch anrichten, die Vinaigrette darübergießen und servieren.

Dieser Salat wird erst mit der Zeit, also je länger er zieht, immer besser, und das ist auch gut so, denn er hält sich mind. 1 Woche im Kühlschrank. Ich serviere ihn auf einem Spinatbett, zu gegrilltem Fleisch oder einfach so, wie er ist.

MENGE *4–6 Portionen* 🥄 *10 Min.*
KATEGORIE *glutenfrei · laktosefrei · schnell & einfach · vegetarisch*

MAROKKANISCHER COUSCOUS-SALAT

ZUBEREITUNG

1 Alle Zutaten für die Vinaigrette in einer Schüssel kräftig verrühren und beiseitestellen.

2 Couscous in eine Schüssel geben und mit dem kochenden Wasser übergießen. Jetzt warten Sie, bis der Couscous das gesamte Wasser absorbiert hat, nicht mehr allzu körnig und leicht abgekühlt ist.

3 Die restlichen Zutaten hinzufügen, das Dressing angießen, und alles sorgfältig miteinander vermengen.

4 Noch einmal abschmecken und servieren.

ZUTATEN

1 Becher (170 g) Couscous

1 Becher (250 ml) kochendes Wasser

1 Becher (200 g) Kichererbsen, abgegossen + abgespült

¾ Becher (150 g) Rosinen

½ Becher (70 g) Mandeln, grobgehackt

1 Becher (175 g) rote Paprika, kleingewürfelt

1 Becher (225 g) Staudensellerie, kleingewürfelt

FÜR DIE VINAIGRETTE

½ Becher (125 ml) Pflanzenöl

¼ Becher (60 ml) Ahornsirup

Saft von ½ Zitrone

¼ TL Zimtpulver

½ TL gemahlener Kreuzkümmel

½ TL Kurkuma

½ TL Fleur de sel

frisch gemahlener Pfeffer

TIPPS & TRICKS

Für eine Roh-Version den Couscous einfach durch geriebenen Blumenkohl ersetzen.

QUINOA-VEGGIE-BURGER MIT GERÄUCHERTEM GOUDA & BASILIKUMJOGHURT

Auch wenn die Zutatenliste endlos erscheint, versichere ich Ihnen, dass alle Zutaten leicht zu finden sind – ja, vermutlich haben Sie den größten Teil davon sowieso schon in Ihrer Speisekammer.

TIPPS & TRICKS

Wenn ich dieses Rezept zubereite, brate ich gleich 12 Burger und friere einige davon ein, dadurch habe ich in den folgenden Wochen stets ein schnelles Gericht zur Hand.

ZUTATEN

1 Becher (150 g) Quinoa

2 Becher (500 ml) Wasser

1½ Becher (300 g) Süßkartoffel, geschält
+ gewürfelt

2 Becher (125 g) Knollensellerie, geschält
+ gewürfelt

1 Dose (540 g) Kichererbsen, abgegossen
+ abgespült

1 Knoblauchzehe

1 EL Dijonsenf

1 EL Mayonnaise (gekauft oder s.
Rezept S. 137)

1 TL gemahlener Kreuzkümmel

1 TL geräuchertes Paprikapulver

1 TL Salz, frisch gemahlener Pfeffer

1 Ei

¼ Becher (30 g) Schnittlauch

1 Becher (125 g) geräucherter Gouda,
gerieben

½ Becher (60 g) Panko-Paniermehl

12 Hamburgerbrötchen

Gemüse oder Salat zum Belegen
(Tomaten, Romanasalatblätter,
Zwiebelringe, etc.)

FÜR DEN BASILIKUMJOGHURT

1 Salatgurke

2 EL Mayonnaise (gekauft oder s.
Rezept S. 137)

1 Becher (250 ml) griechischer Joghurt

1 Knoblauchzehe, feingehackt

2 EL frische Basilikumblätter, gehackt

1 TL Honig oder Ahornsirup

1 TL Zitronensaft

¼ TL Salz, frisch gemahlener Pfeffer

MENGE *12 Burger* 🥄 *45 Min.* ⏱ *40 Min.*
KATEGORIE *praktisch · Für Gäste · vegetarisch*

ZUBEREITUNG

1 Backofen auf 200 °C vorheizen. Ein Backblech mit Backpapier auskleiden und beiseitestellen.

2 Quinoa unter kaltem Wasser abspülen, abgießen und mit 2 Bechern (500 ml) Wasser in einen Topf geben und aufkochen lassen.

3 Die Hitze auf das Minimum reduzieren und etwa 15 Min. oder bis das gesamte Wasser absorbiert wurde, quellen lassen und beiseitestellen.

4 Die Süßkartoffel- und Selleriewürfel in einen Topf geben, mit Wasser bedecken, einmal aufkochen und 20 Min. köcheln lassen. Abgießen und in einen Standmixer geben.

5 Kichererbsen, Knoblauch, Dijonsenf, Mayonnaise, Kreuzkümmel, Paprikapulver, Salz und Pfeffer dazugeben und glattpürieren. In eine Schüssel geben.

6 Quinoa, Ei, Schnittlauch, geriebenen Gouda, Panko-Paniermehl, Salz und Pfeffer sorgfältig miteinander vermengen und noch einmal abschmecken.

7 12 Burger aus der Masse formen und auf das Backblech geben. Etwa 40 Min. im heißen Ofen backen, dabei nach der Hälfte der Zeit einmal umdrehen.

8 Die Salatgurke schälen, reiben und mithilfe von Küchenpapier kräftig alles Wasser herausdrücken. Mit allen anderen Zutaten für den Basilikumjoghurt in einer Schüssel vermengen und abschmecken.

9 Eine Hamburgerbrötchenhälfte mit den Salatzutaten Ihrer Wahl sowie mit jeweils einem Burger belegen, Basilikumjoghurt daraufträufeln und mit der anderen Brötchenhälfte abdecken.

MENGE *2 Becher (500 ml)* ✎ *5 Min.*
KATEGORIE *praktisch · Für Gäste · glutenfrei ·*
schnell & einfach · vegetarisch

DIPP & DRESSING
IN EINEM

ZUTATEN

1 Becher (250 ml) griechischer Joghurt

½ Becher (125 ml) Mayonnaise
(gekauft oder s. Rezept S. 137)

¼ Becher (60 ml) gekauftes oder hausgemachtes
Basilikum-Pesto (s. Rezept S. 88)

1 TL Dijonsenf

¼ Becher (60 ml) Tamari

Saft von 1 Zitrone

ZUBEREITUNG

Jeweils alle Zutaten in einer Schüssel kräftig
miteinander verrühren.

Der Dipp

Dieser köstliche Dipp passt perfekt zu rohem Gemüse (Fenchel, Karotten, Zucchini, Brokkoli, Blumenkohl etc.), und genauso gut zu Käse und Crackern.

Das Dressing

Dieses Dressing nutze ich für sehr viele Salate (Quinoa, Nudeln, Hirse etc.) statt einer Vinaigrette. Und wenn noch ein Spritzer Zitronensaft hinzukommt, eignet es sich auch hervorragend für den einfachen Salat von frischem Gemüse, mit Parmesanspänen und pikanten Nüssen (s. Rezept S. 72).

Viele Jahre lang habe ich auf fertig gekauftes gegrilltes Huhn herabgeblickt. Doch dann sagte Alex eines Tages: »Bloß weil es in einem Ofen gebraten wurde, der nicht der deine ist, muss es ja nicht gleich schlecht sein.« Also habe ich meinen Stolz beiseite gepackt und es probiert. Und ich muss zugeben: Er hatte recht! Also begrüße ich inzwischen ab und an, wenn ich wirklich keine Zeit habe, ein »fremdgegrilltes« Huhn in meiner Küche. Und als ich mich eines Tages mit dem Fleisch eines solchen gegrillten Huhns und ein wenig übrig gebliebener roten Currypaste in meiner Küche wiederfand, habe ich dieses Rezept kreiert, eines meiner Lieblingsrezepte. Ihnen wird vermutlich auffallen, dass es viel mehr Sauce als Huhn enthält, das habe ich so gemacht, damit die Sauce auch für die Vermicelli und das Gemüse reicht.

CURRYHUHN MIT GEMÜSE & REISVERMICELLI

MENGE *4 Portionen* · *20 Min.*
KATEGORIE *Für Gäste · glutenfrei · schnell & einfach*

ZUBEREITUNG

1 Alle Zutaten für die Sauce in einer Schüssel kräftig verrühren, die Hühner- oder Tofustreifen hinzufügen und vermengen.

2 Karotten, Pak Choi, Reisvermicelli, frische Kräuter und Pflanzenöl in einer weiteren Schüssel vermengen. Auf vier Tellern anrichten, Hühner- oder Tofustreifen daraufgeben, mit einer guten Portion Sauce beträufeln und servieren.

ZUTATEN

2 Becher (250 g Hühnerfleischstreifen vom Grillhuhn

(oder Tofu, für die vegetarische Version)

1 Becher (60 g) Karotten, gerieben

1½ Becher (340 g) Pak Choi, in Streifen

etwa 130 g Reisvermicelli, nach Packungsbeilage gegart

1 Handvoll frische Kräuter Ihrer Wahl

(Petersilie, Basilikum, Koriandergrün, etc.)

einige Spritzer Pflanzenöl

FÜR DIE SAUCE

½ Becher (125 ml) Joghurt

½ Becher (125 ml) Mayonnaise (gekauft oder s. Rezept S. 11)

2 EL rote Currypaste

Saft von ½ Zitrone

2 EL Tamari

Nr. 4

Suppen & Stews

CREMIGE ROTE-BETE- & MANDELBUTTER-SUPPE

Ich bin froh, dass ich den Versuch gestartet hatte, diese ungewöhnliche Kombination von Aromen, nämlich rote Bete mit Mandelbutter, auszuprobieren, denn das Resultat ist spektakulär (finde ich jedenfalls!).

Im Allgemeinen ermuntere ich jeden, meine Rezepte nach dem eigenen Geschmack zu modifizieren, doch in diesem Fall sollten Sie sich wirklich akribisch an das Rezept halten, denn genau diese Kombination der Zutaten ist es, die ein unglaublich köstliches Ganzes ergibt.

MENGE *6 Portionen* 🥄 *20 Min.* 🕐 *30 Min.*

KATEGORIE *Für Gäste · glutenfrei · vegetarisch (mit Gemüsebrühe)*

ZUTATEN

1 Zwiebel, grobgehackt

2 EL Butter

Salz, frisch gemahlener Pfeffer

3 Becher (450 g) rote Bete, geschält + gewürfelt

1 Kartoffel, geschält + gewürfelt

2 EL Balsamico

4 Becher (1 l) Hühner- oder Gemüsebrühe

¼ Becher (60 g) Mandelbutter

½ Becher (125 ml) Sahne oder Kochsahne

¼ Becher (20 g) geröstete Mandelblättchen, zum Garnieren

ZUBEREITUNG

1 In einem großen Topf die Butter erhitzen, und die Zwiebel darin glasig dünsten, das dauert etwa 5 Min.

2 Rote Bete- und Kartoffelwürfel hinzufügen und weitere 2 Min. köcheln lassen.

3 Die Brühe, Mandelbutter und Sahne hineinrühren, einmal aufkochen lassen und bei niedriger Hitze 30 Min. sanft köcheln lassen.

4 Das Ganze mit dem Zauberstab oder in einem Standmixer glattpürieren, noch einmal abschmecken und mit gerösteten Mandelblättchen garnieren.

SUPPEN & STEWS

TIPPS & TRICKS

Falls Sie unter einer Nussallergie leiden, ersetzen Sie die Mandel- durch Sojabutter.

THAILÄNDISCHE SHRIMP-
& GEMÜSESUPPE

ZUTATEN

Olivenöl

1 Zwiebel, grobgehackt

Salz, frisch gemahlener Pfeffer

2 TL Garam Masala

1 EL rote Currypaste

*1 TL Sriracha Sauce (scharfe thailändische
    Chilisauce)*

1 EL frischer Ingwer, geschält und gehackt

2 Knoblauchzehen, grobgehackt

1 Dose (400 ml) Kokosmilch

¼ Becher (60 ml) Tomatenmark

1 EL Honig

Saft + Schale von 1 Limette

1 EL Sojasauce

1 EL Fischsauce

8 Becher (2 l) Hühnerbrühe

1 Becher (325 g) Brokkoliröschen

8 Baby Pak Choi, halbiert

450 g ungekochte geschälte Shrimps

etwa 100 g Reisvermicelli

1 große Handvoll Koriandergrün, grobgehackt

2 Frühlingszwiebeln, in schrägen Streifen

ZUBEREITUNG

1 Ein wenig Olivenöl in einem Topf erhitzen, und die Zwiebel darin glasig dünsten, das dauert etwa 5 Min., großzügig salzen und pfeffern.

2 Garam Masala, Currypaste, Sriracha Sauce, Ingwer und Knoblauch hinzufügen und weitere 3 Min. köcheln lassen.

3 Kokosmilch sorgfältig hineinrühren.

4 Diese Masse direkt im Topf mit einem Zauberstab schön glattpürieren.

5 Tomatenmark, Honig, Limettensaft und -Schale, Sojasauce, Fischsauce und Hühnerbrühe hinzufügen, einmal aufkochen und Hitze reduzieren.

6 Die restlichen Zutaten hineinrühren, und etwa 5 Min. bzw. bis die Shrimps und Reisvermicelli gar sind, köcheln lassen, noch einmal abschmecken und servieren.

KÜRBIS- & WEISSE-BOHNEN-SUPPE MIT QUINOA & FRISCHEN KRÄUTERN

MENGE *4–6 Portionen* 🥄 *30 Min.* 🕐 *45 Min.*
KATEGORIE *Für Gäste · glutenfrei*

ZUBEREITUNG

1 Butter in einem Topf mit den Salbeiblättern zerlassen und gut 5 Min. ziehen lassen, damit die Butter das Salbeiaroma aufnimmt. Die Blätter entfernen.

2 Kürbiswürfel, weiße Bohnen, Schalotten und Knoblauch hinzufügen. Großzügig salzen und pfeffern, und weitere 5. Min. köcheln lassen.

3 Hühnerbrühe, Honig und Zitronensaft hineinrühren, abschmecken und 30 Min. sanft köcheln lassen.

4 Die Masse in einen Standmixer geben und glattpürieren, noch einmal abschmecken und beiseitestellen.

5 Quinoa abspülen, abtropfen lassen und beiseitestellen.

6 Butter in einem Topf mit dem feingehackten Thymian und dem Salbei zerlassen, dann die Quinoasamen sorgfältig hineinrühren, ganz mit der Butter ummanteln, salzen und pfeffern und das Wasser angießen.

7 Einmal aufkochen lassen, Hitze reduzieren und 15 Min. sanft köcheln lassen, bis die Quinoasamen das ganze Wasser absorbiert haben.

8 Die Suppe auf Suppenschalen verteilen, einen Löffel der Quinoamischung in die Mitte geben und sofort servieren.

ZUTATEN

FÜR DIE SUPPE

3 EL Butter

7 frische Salbeiblätter

3 Becher (650 g) Butternutkürbis, entkernt, geschält + gewürfelt

2 Dosen (jeweils 540 g) weiße Bohnen, abgegossen + abgespült

½ Becher (100 g) Schalotten, feingehackt

2 Knoblauchzehen, feingehackt

Salz, frisch gemahlener Pfeffer

4 Becher (1 l) Hühnerbrühe

1 TL Honig

1 TL Zitronensaft

FÜR DIE QUINOAMISCHUNG

1 Becher (60 g) weiße Quinoasamen

2 EL Butter

½ TL feingehackter frischer Thymian

½ TL feingehackter frischer Salbei

Salz, frisch gemahlener Pfeffer

2 Becher (500 ml) Wasser

TOMATENSUPPE
MIT SPINAT & SALSICCIA

MENGE *4–6 Portionen*   🥄 *30 Min.*   🕐 *15 Min.*
KATEGORIE *praktisch · laktosefrei*

ZUBEREITUNG

1 Ein wenig Pflanzenöl in einem Topf erhitzen, und Zwiebel, Knoblauch sowie Zucker darin etwa 5 Min. anbraten, bis alles eine schöne goldbraune Farbe hat.

2 Kartoffelwürfel, Tomaten und Hühnerbrühe hinzufügen, großzügig salzen und pfeffern und einmal aufkochen lassen.

3 Hitze reduzieren und etwa 15 Min. sanft köcheln lassen, bis die Kartoffel gar ist. Noch einmal abschmecken.

4 Die Suppe mit einem Zauberstab oder im Standmixer glattpürieren, noch einmal abschmecken und beiseitestellen.

5 Einige Spritzer Olivenöl in einer Pfanne erhitzen, die Wurstmasse hineingeben und etwa 5 Min. anbraten, bis sie schön braun ist.

6 Die Wurstmasse und den Spinat in die Suppe geben, gut verrühren und köcheln lassen, bis der Spinat leicht zusammenfällt. Sofort servieren.

ZUTATEN

Pflanzenöl

1 Zwiebel, feingehackt

2 Knoblauchzehen, in dünnen Scheiben

1 EL Zucker

1 schöne gelbe Kartoffel, geschält + gewürfelt

1 Dose (800 g) ganze italienische Tomaten

3 Becher (750 ml) Hühnerbrühe

Salz, frisch gemahlener Pfeffer

Olivenöl

Fleisch von 2 Salsiccia (italienische Wurst)

2 Becher (450 g) Babyspinat, in Streifen geschnitten

SUPPEN & STEWS

TIPPS & TRICKS

Ich rate Ihnen sehr, Dosentomaten in einer guten Bioqualität zu kaufen,
das macht wirklich einen großen Unterschied!

Es ist kein großes Geheimnis, dass ich eine ziemlich emotionale und sensible Person bin, und das betrifft alle Aspekte des Lebens. Mit fällt alles bis ins kleinste Detail auf, insbesondere wenn jemand ein sehr persönliches Mitbringsel für mich dabei hat. Deshalb liebe ich das Kochen so sehr, denn es ist eine für jeden erlernbare Kunst, eine in die jeder ein wenig seiner eigenen Persönlichkeit, Kreativität und Zeit fließen lassen kann. So ein selbstgemachtes Mitbringsel ist nach meiner Meinung so viel mehr wert, als ein gekauftes. Und hier ist ein Rezept, das sich hervorragend als Mitbringsel eignet: Sie brauchen nur ein hübsches Gefäß finden, die Zutaten Schicht für Schicht hineinfüllen und eine nette Botschaft auf das Etikett schreiben. Es ist ein Gute-Laune-Geschenk für die Schenkende und den Beschenkten!

PIKANTE LINSEN- & PERLGRAUPEN- SUPPE

MENGE *6 Portionen* 🖋 *10 Min.* 🕐 *45 Min.*
KATEGORIE *praktisch · Mitbringsel · laktosefrei*

FÜR DEN BESCHENKTEN

ZUTATEN

1 Dose (800 g) gewürfelte Tomaten
3 Dosenfüllungen Wasser

ZUBEREITUNG

1 Geben Sie den Inhalt des Gefäßes in einen Topf und fügen Sie die Tomaten und das Wasser hinzu.

2 Einmal aufkochen lassen, Hitze reduzieren und 45 Min. sanft köcheln lassen.

DER INHALT DES GEFÄSSES

ZUTATEN

½ Becher (100 g) grüne Linsen

½ Becher (100 g) Perlgraupen

½ Becher (100 g) rote Linsen

2 EL körnige Rinderbrühe

1 EL getrocknete Petersilie

1 TL getrockneter Oregano

1 TL Kurkuma

1 TL gemahlener Kreuzkümmel

½ TL gemahlener Pfeffer

1 TL Salz

½ TL Zucker

1 TL Zwiebelsalz

½ TL zerdrückte rote Paprikaflocken

½ Becher (125 ml) getrocknete Waldpilze, grobgehackt

Soupe de lentilles, orge & épices

Weil Gazpacho ungekocht ist, ist es besonders wichtig, nur frischeste Zutaten zu verwenden. Mit frischen Tomaten und Erdbeeren schmeckt es wirklich umwerfend! Und wenn möglich bereite ich dieses Rezept einen Tag vor dem Servieren zu, dann können die Aromen über Nacht gut durchziehen.

TOMATEN-ERDBEER-BASILIKUM-GAZPACHO MIT KÄSEBÄLLCHEN

MENGE *8–10 Portionen* 🥄 *15 Min.* 🕐 *2 Std.*

KATEGORIE *praktisch · glutenfrei · roh · vegetarisch*

ZUBEREITUNG

1   Alle Gazpachozutaten in einen Standmixer geben und glattpürieren. Großzügig mit Salz und Pfeffer abschmecken und mind. 2 Std. im Kühlschrank ruhen lassen.

2   Den Käse zu 14 Bällchen rollen und diese in den Sesamsamen wälzen.

3   Die Käsebällchen zur Suppe servieren.

ZUTATEN

FÜR DAS GAZPACHO

1 kleine rote Zwiebel, geschält + geviertelt

1 Knoblauchzehe, geschält

2 Tomaten, entkernt + geviertelt

1½ Becher (240 g) Erdbeeren, geputzt

½ Salatgurke, geschält und in Scheiben

½ Becher (125 ml) kaltes Wasser

10 frische Basilikumblätter

1 EL Sherryessig

¼ Becher (60 ml) Olivenöl

Salz, frisch gemahlener Pfeffer

FÜR DIE KÄSEBÄLLCHEN

150 g Boursin mit Knoblauch & Kräutern

¼ Becher (30 g) Sesamsamen

TIPPS & TRICKS

Dieses Rezept gehört nur dann in die Kategorie ungekocht, wenn es ohne die Käsebällchen serviert wird.

CREMIGE HÜHNCHEN-, MAIS- & CHORIZOSUPPE

MENGE *4–6 Portionen* *20 Min.* *20 Min.*
KATEGORIE *schwelgerisch*

ZUTATEN

SEINE
WAHL

3 EL Butter

1 Zwiebel, in dünnen Scheiben

Salz, frisch gemahlener Pfeffer

2 Hühnerbrüste ohne Haut, kleingewürfelt

½ Becher (75 g) Chorizo, gewürfelt

1 Becher (150 g) Kartoffeln, geschält + gewürfelt

2 Knoblauchzehen, feingehackt

1 TL gemahlener Kreuzkümmel

4 Becher (1 l) Hühnerbrühe

½ Becher (125 ml) Sahne oder Kochsahne

1 Dose (280 g) Mais, püriert

1 Becher (175 g) frische oder gefrorene Maiskörner

1 Becher Babyspinat (225 g) oder Grünkohl (70 g), feingehackt

ZUBEREITUNG

1 Die Butter in einem großen Topf zerlassen, und die Zwiebel darin glasig dünsten, das dauert etwa 5 Min., salzen und pfeffern.

2 Hühnerwürfel, Chorizo, Kartoffeln, Knoblauch und Kreuzkümmel hineingeben, salzen und pfeffern und gut vermengen.

3 Die restlichen Zutaten, bis auf den Spinat, hinzufügen und einmal aufkochen lassen. Die Hitze reduzieren und 15 Min. sanft köcheln lassen.

4 Spinat oder Grünkohl hineinrühren und weitere 2 Min. köcheln lassen, bis der Spinat leicht zusammengefallen ist.

5 Noch einmal abschmecken und servieren.

Obgleich ich selbst kein Guinness trinke, muss ich sagen, dass dieses Rezept gerade durch das Guinness so gut ist. Das andere Geheimnis dieses Rezeptes sind die karamellisierten Zwiebeln, es dauert zwar, sie zuzubereiten, aber das macht eben auch den Unterschied.

Wenn Sie keine ofenfesten Suppenschüsseln besitzen, geben Sie die Brotscheiben einfach auf ein Backblech, schichten den Käse darauf und überbacken ihn einige Minuten im heißen Ofen. Dann geben Sie jeweils eine Scheibe auf die heiße Suppe, und dann heißt es: reinhauen!

GRATINIERTE ZWIEBELSUPPE

MENGE *8 Portionen*   *40 Min.*   *30 Min.*
KATEGORIE *Für Gäste · schwelgerisch*

ZUTATEN

3 EL Butter

6 Becher (800 g) Zwiebeln, halbiert +
  in dünnen Scheiben

1 EL Zucker

1 EL Balsamico

2 Knoblauchzehen, feingehackt

1 EL frischer Thymian, gehackt

3 EL Mehl

1 Becher (250 ml) Guinness

6 Becher (1,5 l) Hühnerbrühe

Salz, frisch gemahlener Pfeffer

1 Baguette, in Scheiben

½ Becher (60 g) geriebener Parmesan

2 Becher (250 g) geriebener Greyerzer
  oder Emmentaler

ZUBEREITUNG

1   Die Butter bei mittlerer Hitze zerlassen.

2   Die Zwiebeln hineingeben und in 20–30 Min. goldbraun werden lassen, dabei oft umrühren. Wenn die Zwiebelscheiben am Topfboden ansetzen, ein wenig Wasser hinzufügen und mit einem Holzlöffel loskratzen.

3   Zucker, Balsamico, Knoblauch und Thymian gründlich hineinrühren.

4   Das Mehl hineinrühren und vom Topfboden mit dem Holzlöffel loskratzen.

5   Das Bier angießen und etwa 5 Min. köcheln lassen, dabei oft umrühren.

6   Die Hühnerbrühe angießen und weitere 20 Min. sanft köcheln lassen. Mit Salz und Pfeffer abschmecken.

7   Die Suppe in ofenfeste Schüsseln geben. Jeweils mit Brotscheiben abdecken und die vermischten Käsesorten daraufstreuen.

8   5–10 Min. im heißen Ofen überbacken, bis der Käse Blasen wirft und goldbraun ist.

TIPPS & TRICKS

Sie können diese Suppe sehr gut vorbereiten. Dazu die Suppe bis Schritt 6 zubereiten und beiseitestellen. Dann einfach vor dem Servieren die Suppe in den Suppenschüsseln für 30 Min. in den auf 180 °C vorgeheizten Backofen geben, zum Schluss die Brotscheiben mit dem Käse daraufgeben, überbacken und servieren.

CREMIGE ERBSENSUPPE MIT MINZE & KNUSPRIGEM ITALIENISCHEM SCHINKEN

Gerichte mit Minze zu essen, vermittelte mir früher immer das Gefühl, ich beiße in Zahnpasta – bis ich dieses Rezept entdeckt habe. Ich gebe immer knusprig gebratenen Bacon auf diese cremige Suppe, die übrigens heiß genauso gut schmeckt wie kalt.

MENGE *6 Portionen* 🥄 *15 Min.* ⏱ *20 Min.*
KATEGORIE *Für Gäste · glutenfrei*

ZUTATEN

3 EL Butter

1 mittelgroße Zwiebel, in Scheiben

Salz, frisch gemahlener Pfeffer

500 g gefrorene Erbsen

4 Becher (1 l) Hühnerbrühe

8 frische Minzblätter, grobgehackt

Saft von ½ Limette

1 TL Honig

¼ Becher (60 ml) Sahne oder Kochsahne

8 dünne Scheiben italienischer Schinken

ZUBEREITUNG

1 Die Butter in einem großen Topf zerlassen, und die Zwiebel darin glasig dünsten, das dauert etwa 5 Min., salzen und pfeffern.

2 Erbsen, Hühnerbrühe, Minze, Limettensaft und Honig dazugeben, salzen und pfeffern und einmal aufkochen lassen.

3 Die Hitze reduzieren und 20 Min. sanft köcheln lassen.

4 Die Sahne hineinrühren, und die Masse in einem Standmixer glattpürieren. Noch einmal abschmecken und beiseitestellen.

5 Die Schinkenscheiben auf ein Backblech geben, in ein paar Min. knusprig grillen oder in einer Pfanne knusprig braten und ein wenig zerkrümeln.

6 Die Suppe in Schüsseln geben, knusprigen Schinken daraufstreuen und servieren.

Kapitel

Nr. 5

Fisch & Meeresfrüchte

LACHS MIT KARAMELLISIERTEM FENCHEL & ZIEGENKÄSETARTELETS

MENGE *8 Portionen* 🥄 *1 Std.*
KATEGORIE *Für Gäste*

Diese Tartelets mache ich besonders gern, wenn ich eine größere Gruppe von Leuten zu bekochen habe, denn es kann hervorragend vorbereitet und muss vor dem Servieren nur noch schnell zusammengestellt werden. Ich habe das Rezept in zwei Teile aufgeteilt: Erst die Vorbereitung und dann die letzten Schritte 15 Min. vor dem Servieren.

Und ich rate all denen, die noch nie Fenchel gekocht haben, dieses Rezept einmal auszuprobieren. Ich selbst bin nämlich keine große Fenchel-Liebhaberin, aber von diesem karamellisiertem Fenchel kann ich gar nicht genug bekommen. Und falls er Ihnen trotz allem nicht schmeckt, dann nehmen Sie einfach eine Gemüsezwiebel stattdessen.

WEITER AUF S. 133

LACHS MIT KARAMELLISIERTEM FENCHEL & ZIEGENKÄSETARTELETS

WEITER VON S. 130

ZUBEREITUNG

BIS ZU EINEM TAG DAVOR

1 Backofen auf 200 °C vorheizen. Ein Backblech mit Backpapier auskleiden und beiseitestellen.

2 Den Blätterteig auf einer bemehlten Arbeitsfläche ausrollen und in 8 Rechtecke schneiden. Diese auf ein Backblech geben und im heißen Ofen 15 Min. backen. Komplett auskühlen lassen und in einen luftdichten Behälter geben.

3 Die Butter bei mittlerer Hitze in einem Topf zerlassen, und den Fenchel darin in 10–15 Min. goldbraun werden lassen. Großzügig salzen und pfeffern.

4 Balsamico und Ahornsirup hinzugießen, und den Fenchel etwa 15 Min. bei niedriger Hitze darin köcheln. Auskühlen lassen und in den Kühlschrank geben.

5 Den Lachs salzen und pfeffern.

6 Die Butter in einer beschichteten Pfanne bei mittlerer Hitze zerlassen, den Lachs auf der Hautseite in die Pfanne geben und 4 Min. braten, bzw. bis der Lachs halb durchgebraten ist. Auskühlen lassen und in den Kühlschrank geben.

15 MIN. VOR DEM SERVIEREN

7 Backofen auf 180 °C vorheizen.

8 Die Blätterteigrechtecke auf ein Backblech geben, mit Senf bestreichen, die Fenchelmasse darauf verteilen, ebenso den Ziegenkäse, und zuletzt jeweils ein Lachsfilet daraufgeben.

9 12 Min. im heißen Ofen backen, bzw. bis der Lachs so durch ist, wie Sie es gerne mögen.

10 Während die Tartelets im Backofen garen, die Cherrytomaten, Kapern und frische Kräuter miteinander vermengen, großzügig salzen und pfeffern und zu den Tartelets servieren.

133

ZUTATEN

1 Rolle Blätterteig

2 EL Butter

1 Fenchelknolle, in dünnen Scheiben

Salz, frisch gemahlener Pfeffer

1 EL Balsamico

1 EL Ahornsirup

8 kleine Lachsfilets mit Haut

2 EL Butter, zum Braten des Lachses

4 TL Dijonsenf

½ Becher (125 ml) Chèvre doux (Ziegenfrischkäse)

2 Becher (300 g) Cherrytomaten, geviertelt

1 EL Kapern

¼ Becher (30 g) frische Kräuter Ihrer Wahl, (Koriandergrün, Petersilie, Schnittlauch, etc.)

FISCH & MEERESFRÜCHTE

134

MENGE *20 Fritters*   *25 Min.*   *10 Min.*
KATEGORIE *praktisch · Für Gäste · laktosefrei*

STEINBUTT-FRITTERS & PIKANT GEWÜRZTE MAYONNAISE

Wenn ich mir schon die Mühe mache, diese Steinbutt-Fritters zuzubereiten, verdopple ich das Rezept im Allgemeinen und friere die andere Hälfte ein. So kann ich ganz einfach und schnell, wenn wir Appetit auf Frittiertes haben, drei oder vier (oder zehn) gefrorene Fritter auf ein Backblech schmeißen und in 15 Min. im vorgeheizten Ofen bei 180 °C fertigbacken.

ZUTATEN

1 EL Olivenöl

2 Becher (250 g) Lauch, in dünnen Scheiben

225 g Steinbutt, ohne Haut, gewürfelt

2 Knoblauchzehen, feingehackt

2 Eigelb

Saft + Schale von 1 Limette

2 EL Wasser

2 TL Backpulver

½ TL Salz

¾ Becher (180 g) Mehl

frisch gemahlener Pfeffer

Pflanzenöl zum Frittieren

pikante Mayonnaise Ihrer Wahl
  (s. folgende Seite)

ZUBEREITUNG

1 Olivenöl bei mittlerer Hitze heiß werden lassen, und die Lauchscheiben darin in 8–10 Min. weichbraten. Die Steinbuttwürfel dazugeben und etwa 5 Min. oder länger braten, bis der Fisch gar ist.

2 Die Masse in eine große Schüssel geben, die restlichen Zutaten schnell (Sie sollten so wenig rühren wie möglich) unterrühren und beiseitestellen.

3 Eine große Servierplatte mit Küchenpapier auskleiden und beiseitestellen.

4 Pflanzenöl zum Frittieren in einen großen Topf geben, es sollte etwa 2 cm hoch stehen. Das Öl heiß werden lassen. (s. Tipps & Tricks unten).

5 Jeweils etwa 1 EL Fischmasse mit einem Löffel zu Bällchen formen. Im heißen Öl von jeder Seite etwa 2 Min. (bzw. bis sie rundum schön braun sind) frittieren.

6 Mit einem Schaumlöffel herausheben und auf Küchenpapier abtropfen lassen.

7 Mit pikanter Mayonnaise servieren.

FISCH & MEERESFRÜCHTE

TIPPS & TRICKS

Ich gebe immer alle 20 Fritter auf einmal ins Öl, dazu muss es aber wirklich heiß sein.
Um das zu testen, gebe ich erst einmal einen einzigen Fritter hinein. Wenn das Öl zischt
und Bläschen wirft, ist es gut, sonst muss es noch heißer werden.

DIE MAYONNAISEN

MENGE *¼ bzw. ½ Becher (60 bzw. 130 ml)* 🥄 *5 Min.*
KATEGORIE *praktisch · glutenfrei · laktosefrei ·*
schnell & einfach · vegetarisch

ZUTATEN

¼ Becher (60 ml) Mayonnaise selbstgemacht (s.u.) oder gekauft
½ TL des Gewürzes Ihrer Wahl
(Currypulver, Safran oder geräuchertes Paprikapulver)
Saft von ½ Limette

ZUBEREITUNG

1 Alle Zutaten in einer Schüssel miteinander verrühren.

GRUNDREZEPT MAYONNAISE

1 Eigelb
1 EL Zitronensaft oder weißer Balsamico
1 EL Dijonsenf
½ Becher (125 ml) Pflanzenöl
Salz, frisch gemahlener Pfeffer

1 Eigelb, Zitronensaft und Dijonsenf in einer Schüssel kräftig
mit dem Schneebesen verrühren.

2 Jetzt beginnen Sie, das Pflanzenöl langsam in einem dünnen Strahl
anzugießen, dabei ständig mit dem Schneebesen schlagen. Wenn die
Mayonnaise beginnt dicklich zu werden, können Sie das Öl schneller,
also in einem dickeren Strahl, angießen, bis es ganz in die Mayonnaise
geschlagen ist. Mit Salz und Pfeffer abschmecken.

3 Das Dressing lässt sich auch gut im Standmixer zubereiten. Erst
Eigelb, Zitronensaft und Senf hineingeben und einmal kurz mixen. Nun
bei laufendem Mixer durch das Loch im Deckel des Mixers langsam das
Öl angießen. Das ergibt eine perfekte sämige Mayonnaise! Zum Schluss
mit Salz und Pfeffer abschmecken.

TIPPS & TRICKS

Für die Safran-Mayonnaise sollten Sie den Safran am besten erst einige Minuten in 1 TL
lauwarmem Wasser auflösen, bevor Sie ihn in die Mayonnaise geben.

FORELLE MIT MANDELKRUSTE
& INGWER-PILAF

MENGE *4 Portionen* 🥄 *30 Min.*
KATEGORIE *Für Gäste · schnell & einfach*

ZUBEREITUNG

1 Backofen auf 200 °C vorheizen.

2 Die Butter in einem Topf zerlassen, und Zwiebeln und Ingwer darin weichbraten, das dauert etwa 5 Min. Salzen und pfeffern.

3 Reis hinzufügen und in etwa 2 Min. glasig dünsten, dabei ständig rühren.

4 Die Hühnerbrühe angießen und einmal aufkochen lassen.

5 Hitze reduzieren, Topf abdecken und den Reis 15–20 Min. quellen lassen, bis die gesamte Flüssigkeit absorbiert ist. Dann noch einmal abschmecken.

6 Die Forellenfilets auf ein Backblech geben, salzen und pfeffern und beiseitestellen.

7 Alle Zutaten für die Kruste in einer Schüssel miteinander vermengen, salzen und pfeffern und die Forellenfilets damit bestreichen.

8 5–6 Min. im heißen Ofen backen, dann den Gratinator anstellen und grillen, bis die Kruste goldbraun ist.

9 Sofort mit dem Pilaf zusammen servieren.

ZUTATEN

FÜR DEN FISCH

2 EL Butter

½ Becher (70 g) Zwiebel, feingehackt

2 EL frischer Ingwer, geschält + feingehackt

Salz, frisch gemahlener Pfeffer

1 Becher (200 g) weißer Langkornreis

2 Becher (500 ml) Hühnerbrühe

600 g Forellenfilets (4 mittelgroße Filets)

FÜR DIE KRUSTE

Saft + Schale von 1 Limette

1–2 TL Sriracha Sauce (scharfe thailändische Chilisauce)

¼ Becher (30 g) Koriandergrün, feingehackt

1/3 Becher (90 g) Panko-Paniermehl

1/3 Becher (90 g) Mandelmehl

1/3 Becher (80 ml) Mayonnaise (gekauft oder s. Rezept S. 137)

Salz, frisch gemahlener Pfeffer

TIPPS & TRICKS

Ich bereite dieses Rezept sehr oft mit Lachs statt mit Forelle zu.

PAELLA MIT CHORIZO,
KREBSFLEISCH & SHRIMPS

MENGE *4 Portionen* *30 Min.*
KATEGORIE *Für Gäste · laktosefrei · schnell & einfach*

Im Jahr 2013 haben Alex und ich eine Reise nach Frankreich und Spanien gemacht, um meinen 23. Geburtstag zu feiern. Es war eine unglaubliche Reise, die wir damit verbrachten, französische und spanische Kultur aufzusaugen, während wir durch Dörfer und Städtchen schlenderten und, natürlich, die jeweilige lokale Küche kennenlernten.

Diese Reise wird für immer in mein Gedächtnis eingeätzt bleiben. Denn als ich nach Hause kam, hatte ich nicht nur einen ganzen Reigen an neuen Ideen und Inspirationen mitgebracht, sondern auch ein paar Pfund mehr auf den Rippen – Pfunde, denen ich zum ersten Mal erlaubte, bei mir zu bleiben. Es war eine freudige und total befreiende Erfahrung, dieses zusätzliche Gewicht war jetzt ein Teil von mir, und es bedeutete nicht das Ende der Welt. Endlich konnte ich in den Spiegel gucken, ohne mich dafür zu hassen, dass ich nun mehr Raum einnahm; ja, ich betrachtete jedes zusätzliche Pfund als zusätzlichen Raum meiner selbst. Diese Reise war der entscheidende Moment in meinem Leben, an dem ich das erste Mal fühlte, dass ich meine Essstörung, die mein Leben so viele Jahre lang bestimmte, besiegt hatte.

WEITER AUF S. 143

PAELLA MIT CHORIZO, KREBSFLEISCH & SHRIMPS

WEITER VON S. 140

ZUTATEN

2 EL Pflanzenöl

½ Becher (75 g) Chorizo, gewürfelt

1 Gemüsezwiebel, feingehackt

2 Knoblauchzehen, feingehackt

½ TL Safran

½ Becher (100 g) Paella-Reis Bomba)

2 Becher (500 ml) Clamatosaft (s. Tipps & Tricks unten)

¼ Becher (60 ml) Wasser

230 g mittelgroße ungekochte geschälte Shrimps

230 g Krebs- oder Hummerfleisch

½ Becher (75 g) gefrorene Erbsen

Saft von 1 Zitrone

¼ Becher (30 g) glatte Petersilie, gehackt

230 g sehr frische Miesmuscheln oder weißen Fisch

Salz, frisch gemahlener Pfeffer

1 Zitrone, geviertelt

ZUBEREITUNG

1   Das Pflanzenöl in einer großen Pfanne erhitzen, und die Chorizo- sowie die Zwiebelwürfel darin etwa 5 Min. anbraten.

2   Knoblauch, Safran und Reis hinzufügen und gut verrühren.

3   Die Hälfte des Clamatosafts angießen und einmal aufkochen lassen, Hitze reduzieren und köcheln lassen, bis die Flüssigkeit vollständig absorbiert ist.

4   Den restlichen Clamatosaft mit dem Wasser, Shrimps, Krebsfleisch, Erbsen, Zitronensaft und Petersilie hinzugeben, vermengen und weitere 5 Min. köcheln lassen.

5   Stecken Sie nun die Muscheln mit der Öffnung nach oben in den Reis und weitere 5 Min. oder länger köcheln lassen, bis sich die Muscheln ganz geöffnet haben und die gesamte Flüssigkeit absorbiert ist. Um sicherzugehen, dass die Muscheln auch wirklich gar werden, decke ich meine Pfanne während des Köchelns mit Alufolie ab. Nicht geöffnete Muscheln werden entsorgt.

6   Salzen und pfeffern und mit den Zitronenschnitzen servieren.

TIPPS & TRICKS

Der in Kanada beliebte Clamatosaft ist eine Mischung aus Tomatensaft und Muschelsauce und wird auch gern für die Zubereitung einer Bloody Mary benutzt.

SHRIMPS À LA CAESAR

MENGE *4 Portionen* ✐ *20 Min.*
KATEGORIE *laktosefrei · schnell & einfach*

ZUTATEN

½ Baguette oder Ciabattabrot, oder mehr

1 Knoblauchzehe, zerdrückt

2 EL Pflanzenöl

24 große ungekochte geschälte Shrimps

Salz, frisch gemahlener Pfeffer

Saft von ½ Zitrone

16 Romana-Salatblätter

ein wenig geriebener Parmesan, zum Bestreuen

FÜR DAS CAESAR-DRESSING

1 Eigelb

1 EL Zitronensaft

1 EL Dijonsenf

½ Becher (125 ml) Pflanzenöl

1 Knoblauchzehe, feingehackt

2 Anchoviefilets, gehackt + zerdrückt

1 EL Kapern, gehackt

½ Becher (125 g) frisch geriebener Parmesan

Salz, frisch gemahlener Pfeffer

ZUBEREITUNG

1 Bereiten Sie als erstes das Dressing zu, indem Sie Eigelb, Zitronensaft und Dijonsenf in einer Schüssel kräftig mit dem Schneebesen verrühren.

2 Jetzt beginnen Sie, das Pflanzenöl langsam in einem dünnen Strahl anzugießen, dabei ständig mit dem Schneebesen schlagen, wenn die Mayonnaise beginnt, dicklich zu werden, können Sie das Öl schneller, also in einem dickeren Strahl, angießen, bis es ganz in die Mayonnaise geschlagen ist.

3 Die restlichen Dressing-Zutaten hineinrühren, mit Salz und Pfeffer abschmecken und beiseitestellen.

4 Das Brot für die Croutons der Länge nach durchschneiden, mit dem zerdrückten Knoblauch einreiben und dann in 2 cm große Würfel schneiden.

5 Pflanzenöl in einer großen Pfanne erhitzen, und die Brotwürfel darin goldbraun anbraten, auf einen Teller geben und beiseitestellen.

6 In derselben Pfanne die Shrimps 3–5 Min. sanft anbraten, bis sie durchgegart sind. Mit Salz, Pfeffer und dem Zitronensaft abschmecken.

7 Die Shrimps auf die Salatblätter verteilen, mit dem Dressing beträufeln und mit Parmesan bestreuen.

TIPPS & TRICKS

Das Dressing lässt sich auch gut im Standmixer zubereiten. Erst Eigelb, Zitronensaft und Senf hineingeben und kurz mixen. Nun bei laufendem Mixer das Öl durch das Loch im Deckel des Mixers langsam angießen. Das ergibt eine perfekte sämige Mayonnaise! Danach die restlichen Zutaten hineingeben und mit Salz und Pfeffer abschmecken.

HEILBUTT-CEVICHE MIT CLEMENTINEN & KOKOSMILCH

MENGE *6–8 Portionen* 🥄 *15 Min.* 🕐 *2 Std. 30 Min.*
KATEGORIE *Für Gäste · glutenfrei · laktosefrei · praktisch · roh*

ZUTATEN

300 g Heilbutt ohne Haut, in 1 cm großen Würfeln

½ Becher (60 g) rote Zwiebel, in hauchdünnen Scheiben

1 Jalapeño-Schote, entkernt + feingehackt

½ Becher (125 ml) Limettensaft (Saft von etwa 4 Limetten)

1 EL Honig

¼ Becher (25-30 g) Koriandergrün, grobgehackt

½ Becher (125 g) Maiskörner, frisch oder gefroren

1 Clementine, geschält, filetiert + gewürfelt

¼ Becher (60 ml) Kokosmilch

1 Avocado, geschält + gewürfelt

Salz, frisch gemahlener Pfeffer

Taco-Chips

ZUBEREITUNG

1   Heilbuttwürfel, Zwiebelscheiben, gehackte Jalapeño und Limettensaft in einer Schüssel vermengen, abdecken und 2 Std. im Kühlschrank ruhen lassen.

2   Die Masse in ein Sieb geben, damit die überflüssige Flüssigkeit abtropfen kann, und dann in eine Schüssel geben.

3   Die restlichen Zutaten hinzufügen und sorgfältig vermengen. 30 Min. ruhen lassen und mit Taco-Chips servieren.

LACHSGRATIN MIT LAUCH, PILZEN & PÜREE VON WEISSEN RÜBCHEN

ZUTATEN

1 EL Butter

1 Lauch, in dünnen Scheiben

230 g Champignons, in dünnen Scheiben

Salz, frisch gemahlener Pfeffer

450 g Lachs, in 2 cm großen Würfeln

½ Becher (125 ml) Kochsahne

2 EL gehackter Dill

Saft + Schale von ½ Zitrone

¼ Becher (30 g) Panko-Paniermehl

FÜR DAS PÜREE

1 Becher (140 g) weiße Rübchen, geschält + in Scheiben

3 Becher (420 g) Kartoffeln, geschält + gewürfelt

¼ Becher (60 ml) Milch

1 EL Honig

1 Prise geriebene Muskatnuss

2 EL Butter

Salz, frisch gemahlener Pfeffer

MENGE *4 Portionen* · *35 Min.* · *30 Min.*
KATEGORIE *Für Gäste · praktisch*

ZUBEREITUNG

149

1 Backofen auf 200 °C vorheizen.

2 Die Rübchen- und Kartoffelwürfel in einen Topf geben, mit Wasser bedecken und in 15–20 Min. garkochen.

3 Abgießen und im Topf lassen.

4 Die restlichen Püreezutaten dazugeben und mit einem Kartoffelstampfer zerstampfen, bis eine glatte Konsistenz erreicht ist. Mit Salz und Pfeffer abschmecken und beiseitestellen.

5 Die Butter in einer großen Pfanne zerlassen, und den Lauch und die Pilze darin anbraten, bis beide schön goldbraun sind. Mit Salz und Pfeffer abschmecken und beiseitestellen.

6 Lachs, Sahne, Dill, Zitronensaft und -schale in einen Topf geben, salzen und pfeffern, abdecken und 15 Min. bei niedriger Hitze garen.

7 Die Lachsmasse in eine 20 x 30 cm große Auflaufform geben, die Lauch-Pilz-Masse darauf verteilen und zum Schluss das Püree gleichmäßig darauf verstreichen.

8 Mit dem Panko-Paniermehl bestreuen und 15 Min. im heißen Ofen backen. Zum Schluss den Gratinator anstellen und goldbraun grillen. Sofort servieren.

TIPPS & TRICKS

Wenn Sie keine weißen Rübchen mögen, einfach durch dieselbe Menge Kartoffeln ersetzen.

MENGE *4 Portionen* ✎ *15 Min.*
KATEGORIE *Für Gäste · glutenfrei (ohne Brot) · laktosefrei · schnell & einfach*

THUNFISCHTARTAR

ZUTATEN

600 g sehr frischer Thunfisch

1 EL Tamari

2 EL Mayonnaise (gekauft oder s. Rezept S. 137)

Saft von ½ Limette

½ TL geröstetes Sesamöl

2 EL Schnittlauch, feingehackt

¼ Becher (30 g) sehr feingewürfelte Salatgurke

geröstetes Baguette

ZUBEREITUNG

1 Um den Thunfisch während der Zubereitung so frisch wie möglich zu halten, sollten Sie eine große Schüssel mit Eiswürfeln füllen und eine kleinere dort hineinstellen. Die kleinere Schüssel sollte richtig kalt werden. So bleibt der Thunfisch kalt und frisch während Sie dieses Gericht zubereiten.

2 Den Thunfisch mit einem großen Messer portionsweise hacken und den gehackten Teil jeweils sofort in die kalte Schüssel geben.

3 Die restlichen Zutaten untermengen, und sofort mit frisch geröstetem Baguette servieren.

FISH & CHIPS

ZUTATEN

1 Becher (250 ml) sehr kaltes Bier

2 EL Ahornsirup

¾ Becher (90 g) Mehl

1 TL Backpulver

½ TL Salz

Pflanzenöl zum Frittieren

*450 g Schellfisch oder Kabeljau
(s. Tipps & Tricks unten auf der Seite)*

½ Becher (60 g) Mehl, auf einem großen Teller

Mayonnaise Ihrer Wahl (s. Rezepte S. 137)

ZUBEREITUNG

1   Das kalte Bier mit dem Ahornsirup in einer großen Schüssel verrühren. Den ¾ Becher Mehl hineinstreuen und dabei konstant mit dem Schneebesen schlagen. Zum Schluss Backpulver und Salz unterrühren und beiseitestellen.

2   Eine Fritteuse auf 200 °C vorheizen oder Öl 5 cm hoch in einen großen beschichteten Topf gießen und erhitzen. Wenn Sie einen Tropfen hineinfallen lassen, muss das Öl zischen und Blasen werfen.

3   Die Fischfilets im Mehl wälzen und danach durch den Teig ziehen.

4   Vorsichtig ins heiße Öl geben und goldbraun und knusprig frittieren. Mit einem Schaumlöffel herausheben und auf Küchenpapier abtropfen lassen. Mit der Mayonnaise Ihrer Wahl servieren.

TIPPS & TRICKS

Für eine ebenso köstliche vegetarische Version dieses Gerichts ersetzen Sie den Fisch durch festen Tofu. Diesen in 1 cm große Stücke schneiden und 20 Min. in Sojasauce marinieren. Danach abgießen und den Zubereitungsschritten oben folgen.

152

FISCH & MEERESFRÜCHTE

KAPITEL

Nr. 6

Fleisch

GESCHMORTE LAMMHAXE MIT TOMATEN & HONIG-GRAUPEN

Wenn wir die Familie einladen, serviere ich sehr oft Lamm, denn mein Bruder ist geradezu verrückt danach. Um ihm einerseits sein Lieblingsessen zu kochen und andererseits nicht zuviel Zeit in der Küche zu verbringen, habe ich mir dieses Gourmet-Schmortopf-Lammgericht ausgedacht, das in weniger als 30 Min. zusammengestellt ist.

Die ersten 6 Zubereitungsschritte erledige ich bereits am Nachmittag, bevor die Gäste da sind und widme mich dann 45 Min. bevor wir essen dem 7. Zubereitungsschritt. Es ist geradezu magisch, wie einfach das Ganze ist!

MENGE *4 Portionen* / *20 Min.* ⏱ *3 Std. 45 Min.*
KATEGORIE *Für Gäste*

ZUTATEN

4 Lammhaxen

Salz, frisch gemahlener Pfeffer

2 EL Butter

1 Zwiebel, feingehackt

3 Knoblauchzehen, feingehackt

1 TL gemahlener Kreuzkümmel

1 EL frischer Ingwer, geschält + feingehackt

1 Becher (250 ml) Weißwein

1 Dose (800 ml) stückige Tomaten

Blätter von 4 Thymianstengeln

2 EL Zitronensaft

1 Becher (180 g) Backpflaumen, entkernt

3 EL Honig

2 Becher (500 ml) Wasser

1 Becher (200 g) Graupen, abgespült und abgetropft

1 Handvoll glatte Petersilie, gehackt

ZUBEREITUNG

1   Backofen auf 150 °C vorheizen.

2   Die Lammhaxen großzügig salzen und pfeffern.

3   Die Butter in einem großen Schmortopf erhitzen, und die Lammhaxen von allen Seiten darin anbräunen. Auf eine große Platte geben und beiseitestellen.

4   Nun Zwiebel, Knoblauch, Kreuzkümmel und Ingwer in den Schmortopf geben und etwa 5 Min. anschwitzen. Danach salzen und pfeffern.

5   Den Weißwein auf die Hälfte einkochen.

6   Tomaten, Thymian, Zitronensaft, Backpflaumen, Honig und Wasser sowie die Lammhaxen dazugeben und 3 Stunden im heißen Ofen backen.

7   Graupen und Petersilie dazugeben, die Graupen müssen ganz und gar von der Flüssigkeit bedeckt sein. Und weitere 45 Min. backen.

8   Servieren Sie die Lammhaxen jeweils mit einer ordentlichen Kelle der Graupenmasse.

ZITRONENHUHN MIT OLIVEN & FETA-COUSCOUS

158

ZUTATEN

FÜR DAS ZITRONENHUHN

Olivenöl

6 Hühnerkeulen ohne Haut und Knochen

Salz, frisch gemahlener Pfeffer

1 Zwiebel, feingehackt

2 Knoblauchzehen, gehackt

½ Becher (80 g) grüne Oliven, entkernt

½ Becher (80 g) Kalamata-Oliven, entkernt

Saft + Schale von 1 Zitrone

½ Becher (125 ml) Hühnerbrühe

½ Becher (125 ml) Kochsahne

¼ Becher (25-30 g) glatte Petersilie, feingehackt

FÜR DEN FETA-COUSCOUS

1 EL Dijonsenf

¼ Becher (60 ml) Pflanzenöl

1 TL Zucker

1 TL getrockneten Oregano

½ Becher (60 g) glatte Petersilie, gehackt

½ Becher (125 g) Feta, zerkrümelt

1 Becher (250 ml) Wasser

1 Becher (180 g) feiner Couscous

Salz, frisch gemahlener Pfeffer

ZUBEREITUNG

1 Einige Spritzer Olivenöl in eine große Pfanne geben, und die Hühnerkeulen darin rundum goldbraun anbraten. Großzügig salzen und pfeffern.

2 Zwiebel und Knoblauch hinzufügen und weitere 3 Min. braten.

3 Oliven, Zitronensaft und -schale, Hühnerbrühe sowie Sahne angießen und 15 Min. köcheln lassen. Die Petersilie hineinrühren und noch einmal abschmecken.

4 In einer großen Schüssel Dijonsenf, Pflanzenöl, Zucker, Oregano, Petersilie und Feta sorgfältig miteinander vermengen und beiseitestellen.

5 In einem kleinen Topf das Wasser einmal aufkochen lassen, vom Herd ziehen, das Couscous hineingeben und ohne zu rühren 8 Min., bzw. bis das Wasser völlig absorbiert ist, quellen lassen.

6 Couscous in eine große Schale geben und die Fetamischung unterrühren. Noch einmal abschmecken und zu den Hühnerkeulen servieren.

MENGE *4 Portionen* · *30 Min.*
KATEGORIE *Für Gäste · praktisch · schnell & einfach*

Dieses Rezept habe ich mir für ein Essen mit Freunden ausgedacht, das ein bisschen »chic« sein sollte. Ich fand es stylish, ein ganz klassisches Gericht zu servieren, wie meine Großmutter es immer gemacht hatte, aber dieses ein wenig zu modernisieren, indem ich Entenconfit statt Hühnerfleisch dazu nutzte. In die Mitte des Tisches stellte ich eine Servierplatte mit Spargel und Parmesan, diese ganz simple Vorspeise kam bei meinen Gästen überaus gut an. Um es zuzubereiten einfach ein Bund geputzten grünen Spargel mit ein wenig Olivenöl und Zitronensaft beträufeln, salzen und pfeffern, großzügig mit frisch geriebenem Parmesan sowie Semmelbröseln bestreuen und einige Minuten im heißen Ofen überbacken. Das schmeckt wirklich köstlich!

KÖNIGINNENPASTETEN MIT ENTENCONFIT

ZUTATEN

2 EL Butter

2 Schalotten, gehackt

Salz, frisch gemahlener Pfeffer

¼ Becher (30 g) Mehl

2 Becher (500 ml) heiße Hühnerbrühe

2 EL Dijonsenf

2 EL Honig

2 TL Worcestershiresauce

½ Becher (125 ml) Sahne

fertiges Entenconfit von 4 Keulen (ohne Knochen)

3 Becher (675 g) Babyspinat

¾ Becher (120 g) gefrorene Erbsen

4 Königinnenpasteten

ZUBEREITUNG

1 Die Butter in einer Pfanne erhitzen, und die Schalotten darin weichbraten, das dauert etwa 3 Min. Salzen und pfeffern.

2 Das Mehl hineingeben und dabei etwa 1 Min. lang stetig mit einem Kochlöffel rühren.

3 Die heiße Hühnerbrühe langsam angießen, dabei konstant mit dem Kochlöffel rühren, bis eine glatte Konsistenz erreicht ist.

4 Dijonsenf, Honig, Worcestershiresauce und Sahne hineinrühren und 5 Min. köcheln lassen, dabei gelegentlich rühren.

5 Entenconfit, Spinat und Erbsen hinzufügen, mit Salz und Pfeffer abschmecken und 10 Min. köcheln lassen, dabei gelegentlich rühren. Der Spinat wird zusammenfallen und das Entenconfit von allein auseinanderfallen.

6 Die Pasteten im Backofen oder in der Mikrowelle heiß werden lassen, mit der Entenmasse füllen und sofort servieren.

FLEISCH

TIPPS & TRICKS

Confit stammt ursprünglich aus Südfrankreich, es handelt sich um gut gewürztes Geflügelfleisch, das im eigenen Fett gegart wird. Dann kommt es in Einmachgläser, wird ganz und gar vom eigenen Fett bedeckt und eingeweckt.

HÜHNERFLEISCH
À LA GENERAL TSO

MENGE *4–6 Portionen* · *35 Min.*
KATEGORIE *laktosefrei · praktisch · schwelgerisch*

ZUTATEN

*1 Becher (200 g) weißer
Langkornreis*

*2 Becher (500 ml) Pflanzenöl, zum
Kochen*

¼ Becher (30 g) Mehl

½ Becher (60 g) Maisstärke

4 Hühnchenbrustfilets, gewürfelt

2 Eier, leicht geschlagen

1 großzügige Prise Salz

*¼ Becher (25 g) Frühlingszwiebeln,
gehackt*

Sesamsamen

FÜR DIE SAUCE

1 Becher (250 ml) Hühnerbrühe

Saft von 1 Orange

Schale von ½ Orange

½ Becher (125 g) Zucker

3 Knoblauchzehen, gehackt

¼ Becher (60 ml) Reisessig

2 EL Sojasauce

*1 EL Sriracha Sauce (scharfe
thailändische Chilisauce)*

*2 EL Maisstärke, in 3 EL Wasser
aufgelöst*

ZUBEREITUNG

1   Den Reis nach Packungsanleitung zubereiten und beiseitestellen.

2   Alle Saucenzutaten in einer Schüssel miteinander verrühren, in eine große Pfanne gießen und einmal aufkochen lassen.

3   Hitze reduzieren und 5 Min. köcheln lassen. Durch ein Sieb abgießen, und die Sauce wieder in die Pfanne gießen und warmhalten.

4   Das Öl in einem großen Topf sehr heiß werden lassen.

5   Währenddessen Mehl und Maisstärke in einer Schüssel miteinander vermengen, die Hühnerstückchen hineingeben und darin wälzen, bis alles komplett mit der Mischung überzogen ist. Eier und Salz hinzufügen und gut vermengen.

6   Die Hühnerstückchen von jeder Seite 3 Min. im heißen Öl frittieren.

7   Anschließend die Hühnerstückchen mit einem Schaumlöffel aus dem Öl heben, gut abtropfen lassen, und in die Pfanne zu der warmen Sauce geben. Jeweils auf einem Reisbett anrichten, mit Frühlingszwiebeln und Sesamsamen bestreuen und servieren.

Tipps & Tricks

Das Öl muss wirklich sehr heiß sein, es muss zischen und Blasen werfen, wenn Sie ein Probestückchen Huhn hineingeben. Tut es das nicht, ist es nicht heiß genug.

RINDERTARTAR MIT IN ENTENFETT GEBRATENEN KARTOFFELSCHEIBEN

Dies ist ein weiteres klassisches Gericht: schnörkellos, einfachste Zubereitung, wenige Zutaten. Ich habe schon oft versucht, aus diesem Gericht meine eigene Version zu kreieren, aber das Resultat war stets enttäuschend, und so verbeuge ich mich vor dem Klassiker nach dem Motto: »Never change a winning team!«. Doch wenigstens die klassischen Beilagen habe ich durch etwas andere ersetzt. Es hat mir Spaß gemacht, dem Gericht in Entenfett gebackene Kartoffeln an die Seite zu stellen.

ZUTATEN

FÜR DAS TARTAR

400 g Rinderfilet

4 TL Dijonsenf

1 Eigelb oder 2 EL Mayonnaise (gekauft oder s. Rezept S. 137)

2 TL Ketchup

½ TL Worcestershiresauce

1 EL Kapern, gehackt

2 EL Cornichons, feingehackt

2 EL Schnittlauch, feingehackt

Tabasco

Salz, frisch gemahlener Pfeffer

FÜR DIE KARTOFFELN

4 Kartoffeln, mit dünner gelber Haut, in dünnen Scheiben

¼ Becher (60 ml) Entenfett, zerlassen

2 TL Salz

ZUBEREITUNG

1   Backofen auf 200 °C vorheizen. Ein Backblech mit Backpapier auskleiden und beiseitestellen.

2   Das zerlassene warme Entenfett mit dem Salz in eine große Schüssel geben, die Kartoffelscheiben hinzufügen, gut vermengen und dann gleichmäßig in einer einzelnen Schicht auf dem Backpapier verteilen.

3   40 Min., bzw. bis die Scheiben goldbraun sind, im heißen Ofen backen.

4   Das Rinderfilet mit einem großen Messer so fein wie möglich hacken und in den Kühlschrank geben.

5   Dijonsenf, Mayonnaise, Ketchup, Worcestershiresauce, Kapern, Cornichons, Schnittlauch, und Tabasco in einer Schüssel vermischen und kräftig abschmecken.

6   Das gehackte Rindfleisch hinzufügen und gut vermengen. Sofort mit den heißen Kartoffeln servieren.

SEINE WAHL

MIT HONIG & SENF GLASIERTE SCHWEINELENDCHEN DAZU KICHERERBSEN- & BLUMENKOHLPÜREE

SEINE WAHL

MENGE *4–6 Portionen* · *15 Min.* · *20 Min.*
KATEGORIE *Für Gäste · glutenfrei · laktosefrei · praktisch*

ZUTATEN

½ Becher (100 g) Honig

¼ Becher (60 g) Dijonsenf

Salz, frisch gemahlener Pfeffer

2 Schweinefilets

1 TL geräuchertes Paprikapulver

Pflanzenöl

FÜR DAS PÜREE

3 Becher (325 g) Blumenkohlröschen

1 Dose (540 g) Kichererbsen, abgegossen + abgespült

2 Knoblauchzehen, halbiert

3 EL glatte Petersilie

2 EL Schnittlauch, gehackt

¼ Becher (60 ml) Olivenöl

Salz, frisch gemahlener Pfeffer

ZUBEREITUNG

1 Backofen auf 200 °C vorheizen.

2 Dijonsenf und Honig in einer kleinen Schüssel verrühren und beiseitestellen.

3 Die Schweinefilets salzen, pfeffern und mit dem geräucherten Paprikapulver einreiben. Beiseitestellen.

4 Ein wenig Olivenöl in einer großen Pfanne erhitzen, und die Schweinefilets darin von allen Seiten schön braun anbraten.

5 Die Filets in eine ofenfeste Form geben und mit der Honig-Senfmischung bepinseln.

6 15–20 Min. im heißen Ofen backen, dabei nach der Hälfte der Zeit einmal drehen. Aus dem Ofen nehmen und beiseitestellen.

7 Währenddessen einen Topf mit Salzwasser heiß werden lassen, Blumenkohlröschen, Kichererbsen und Knoblauch ins kochende Wasser geben, 10 Min. kochen lassen, abgießen und die heißen Zutaten in einen Standmixer geben.

8 Die restlichen Püreezutaten hinzufügen, pürieren, mit Salz und Pfeffer abschmecken und zu den Schweinefilets servieren.

BUTTER CHICKEN

Aus irgendeinem Grund hatte ich immer das Gefühl, dass es unglaublich kompliziert ist, Butter Chicken zuzubereiten. Und obendrein haben mich die verschiedenen Rezepte für dieses Gericht nie so ganz überzeugt. Also, habe ich mir ein eigenes Butter-Chicken-Rezept ausgedacht, das noch einfacher zuzubereiten ist als eine Spaghettisauce!

MENGE *4–6 Portionen* 🥄 *30 Min.* 🕐 *1½ –2 Std.*
KATEGORIE *Für Gäste · glutenfrei · schwelgerisch*

ZUTATEN

5 EL Butter

1 Zwiebel, grobgehackt

¼ Becher (60 ml) griechischer Joghurt

Salz, frisch gemahlener Pfeffer

900 g Hühnerbrustfilets, gewürfelt

Koriandergrün

FÜR DIE GEWÜRZMISCHUNG

2 Knoblauchzehen, grobgehackt

2 TL Currypulver

2 TL Garam Masala

2 TL rote Currypaste

Samen von 1 Kardamomkapsel, gemahlen

1 EL geriebener Ingwer

1 großzügige Prise Salz

DIE FLÜSSIGEN ZUTATEN

1½ Döschen (150 g) Tomatenmark

1 Becher (250 ml) Kokosmilch

1 Becher (250 ml) Sahne

1 EL Honig

ZUBEREITUNG

1   Alle Zutaten der Gewürzmischung in einer Schüssel gründlich vermengen und beiseitestellen. In einer weiteren Schüssel alle flüssigen Zutaten verrühren und beiseitestellen.

2   Einen EL Butter in einer Pfanne erhitzen, und die Zwiebel etwa 10 Min. darin anbraten. Die Gewürzmischung hineinrühren und weitere 2–3 Min. köcheln lassen.

3   Die Zwiebelgewürzmischung mit dem griechischen Joghurt in einem Standmixer glattpürieren und mit Salz und Pfeffer abschmecken.

4   Die restliche Butter in einer Pfanne zerlassen, die Zwiebel-Joghurtmischung hineingeben, sehr gut verrühren und einmal aufkochen lassen.

5   Hitze reduzieren, die Hühnerstückchen hineingeben und diese Mischung 1½–2 Std. köcheln lassen. Noch einmal abschmecken und mit Reis oder Naanbrot servieren.

TIPPS & TRICKS

Butter Chicken oder Murgh makhani ist ein indisches Hühnerfleischgericht, das in einer milden Currysauce serviert wird und besonders im angelsächsischen Raum sehr beliebt ist.

LANGSAM GEGARTES »PULLED PORK« MIT MOMS KARTOFFELPÜREE

ZUTATEN

FÜR DAS SCHWEINEFLEISCH

1000–1300 g Schweinefleisch aus der Schulter ohne Knochen, geviertelt

1 Zwiebel, in dünnen Scheiben

FÜR DIE SAUCE

1 Becher (250 ml) Hühnerbrühe

⅓ Becher (90 ml) Rotweinessig

¼ Becher (60 ml) HP-Sauce

1 Becher (180 g) brauner Zucker

⅓ Becher (90 ml) Tomatenpaste

2 EL Chilipulver

1 EL Knoblauchpulver

1 EL Senfpulver

1 EL frischer Thymian, gehackt

1 TL Fleur de sel

frisch gemahlener Pfeffer

FÜR DAS KARTOFFELPÜREE

4 Becher (560 g) Kartoffeln mit dünner gelber Haut, gewürfelt

¼ Becher (60 ml) Sahne oder Kochsahne

¼ Becher (60 g) Butter

1 EL Herbes salées (franz. gesalzene Kräuter) oder 1 EL gehackte frische Kräuter Ihrer Wahl mit einer großzügigen Prise Salz

ZUBEREITUNG

1 Überschüssiges Fett mit einem scharfen Messer vom Schweinefleisch abschneiden und das Fleisch beiseitelegen.

2 Alle Saucenzutaten in einen Schongarer geben, gut vermengen und das Fleisch und die Zwiebeln hinzufügen. Abdecken und bei niedriger Hitze 8 Std. garen.

3 Nach der Garzeit mit zwei Gabeln das Fleisch direkt in der Sauce auseinanderreißen (to pull), und zwar in so feine Fäden wie möglich und beiseitestellen.

4 Die Kartoffelwürfel in etwa 20 Min. in einen Topf mit Wasser garkochen.

5 Abgießen, in eine Schüssel geben, die restlichen Püreezutaten hinzufügen und mit dem Kartoffelstampfer zerstampfen, bis die gewünschte Konsistenz erreicht ist.

6 Das »Pulled pork« auf einem Kartoffelbett servieren.

SEINE WAHL

TIPPS & TRICKS

Am Tag nachdem ich Pulled Pork gekocht habe, macht sich mein Mann aus den Resten ein schnelles und leckeres Pastagericht. Er kocht Fusilli, gießt sie ab und schmeißt sie in den Topf mit dem Pulled Pork. Das Ganze macht er schnell noch mal heiß und haut rein!

MENGE *6 Portionen* *10 Min.*
KATEGORIE *Für Gäste · praktisch · schnell & einfach · schwelgerisch*

172

»PULLED PORK«
IN WEIZENTORTILLAS

ZUTATEN

¾ Becher (200 ml) Schmand oder Crème double

1 Frühlingszwiebel, in dünnen Scheiben

2 Becher (500 g) Pulled pork (s. Rezept auf S. 171)

6 Weizentortillas

2 Becher (250 g) Gouda, gerieben

Koriandergrün

ZUBEREITUNG

1   Schmand und Frühlingszwiebel in einer Schüssel
vermengen und beiseitestellen.

2   Pulled pork erhitzen und 1 guten Löffelvoll auf der Mitte
einer jeden Weizentortilla verteilen.

3   Geriebenen Käse und Koriandergrün daraufstreuen
und mit dem Schmand servieren.

FLEISCH

TIPPS & TRICKS

Nachdem Sie den Käse, aber bevor Sie das Koriandergrün auf Ihre Weizentortillas gestreut
haben, können Sie sie auch noch kurz unter dem Grill überbacken.

KALBSFLEISCH-POLPETTE MIT
BASILIKUM-TOMATENSAUCE

MENGE *8–10 Fleischbällchen* *35 Min.* *1 Std.*
KATEGORIE *Für Gäste · laktosefrei · praktisch*

ZUTATEN

*1 Dose (800 g) Tomaten
   (in guter Bio-Qualität)*

Olivenöl

1 Zwiebel, sehr feingehackt

Salz, frisch gemahlener Pfeffer

2 Knoblauchzehen, feingehackt

*3 EL frische Basilikumblätter,
   feingehackt*

Pasta Ihrer Wahl

FÜR DIE FLEISCHBÄLLCHEN

450 g Kalbsmett

½ Becher (70 g) Zwiebel, feingehackt

1 Ei

1 TL Senfpulver

1 TL Worcestershiresauce

*¼ Becher (20–30 g) frische
   Basilikumblätter, feingehackt
   (+ mehr zum Garnieren)*

*½ Becher (125 g) Parmesan, gerieben
   (+ mehr zum Garnieren)*

Salz, frisch gemahlener Pfeffer

ZUBEREITUNG

1 Tomaten in eine große Schüssel geben, mit einer Gabel leicht zerdrücken und beiseitestellen.

2 Olivenöl in einem großen Topf bei niedriger Hitze heiß werden lassen, und die Zwiebel darin weich und glasig dünsten, das dauert etwa 5 Min. Salzen und pfeffern.

3 Knoblauch hinzufügen und weitere 3 Min. köcheln lassen.

4 Die Tomaten hinzufügen, einmal aufkochen und 30 Min. köcheln lassen. Basilikum hinzufügen, mit Salz und Pfeffer abschmecken und beiseitestellen.

5 Alle Zutaten für die Fleischbällchen miteinander vermengen. Großzügig salzen und pfeffern und 8–10 Polpette daraus formen.

6 Die Fleischbällchen vorsichtig in die Tomatensauce geben und bei niedriger Hitze 30 Min. köcheln lassen, dabei die Polpette nach der Hälfte der Kochzeit einmal drehen.

7 Polpette mit Sauce auf der Pasta Ihrer Wahl, bestreut mit Basilikum und Parmesan, servieren.

TIPPS & TRICKS

Polpette sind nichts anderes als Fleischbällchen, in Italien werden sie ziemlich
klein serviert, in Kanada und den USA dagegen ziemlich groß.

Kapitel

Nr. 7

Pasta, Reis & Pizza

RICOTTA-GNOCCHI

MENGE *30–35 Gnocchi* 🥄 *25 Min.* 🕐 *1 Std.*
KATEGORIE *praktisch · vegetarisch*

ZUTATEN

1 Becher (250 g) Ricotta

1 Ei

¼ Becher (30 g) Parmesan, gerieben

¾ Becher (30 g) Mehl

¼ TL geriebene Muskatnuss

Salz, frisch gemahlener Pfeffer

ZUBEREITUNG

1 Alle Zutaten in eine Schüssel geben und solange kneten, bis der Teig glatt ist.

2 Den Teig zu einer Kugel formen und in Frischhaltefolie wickeln. 1 Std. im Kühlschrank ruhen lassen.

3 Ein Backblech mit Mehl bestäuben und beiseitestellen.

4 Den Teig aus dem Kühlschrank nehmen und halbieren.

5 Auf einer bemehlten Arbeitsfläche die Hälfte des Teigs zu einer etwa 2½ cm dicken Rolle formen. Den Vorgang mit der anderen Teighälfte wiederholen.

6 Von den Rollen mit einem scharfen Messer etwa 1½ cm dicke Gnocchi abschneiden und auf das bemehlte Backblech geben. Mit dem Daumen jeweils eine Mulde in jede Gnocchi drücken.

7 Die Gnocchi nun entweder für den späteren Gebrauch einfrieren oder sofort in kochendes Salzwasser geben, und solange kochen, bis sie an die Oberfläche schwimmen, das dauert etwa 3 Min. Mit einer Schaumkelle aus dem Wasser heben und mit der Sauce Ihrer Wahl servieren.

PASTA, REIS & PIZZA

TIPPS & TRICKS

Ungekochte Gnocchi lassen sich sehr gut einfrieren, und müssen vor der
Zubereitung nicht einmal aufgetaut werden.

IN BUTTER GEBRATENE GNOCCHI MIT PANCETTA & ERBSEN

MENGE *2 Portionen* 🥄 *20 Min.*
KATEGORIE *Für Gäste · praktisch · schnell & einfach · schwelgerisch*

ZUTATEN

30–35 gekaufte oder selbstgemachte Gnocchi (s. Rezept S. 179)

¼ Becher (60 g) Butter

½ Becher (55 g) Pancetta (s. Tipps & Tricks), gehackt

4 große Salbeiblätter

Schale von 1 Zitrone

½ Becher (75 g) gefrorene Erbsen

Salz, frisch gemahlener Pfeffer

einige schöne Basilikumblätter, zum Garnieren

geriebener Parmesan, zum Garnieren

SEINE
WAHL

ZUBEREITUNG

1 Die Gnocchi in kochendes Salzwasser geben, und solange kochen, bis sie an die Oberfläche schwimmen, das dauert etwa 3 Min. Mit einer Schaumkelle aus dem Wasser heben, gut abtropfen lassen und beiseitestellen.

2 Die Butter in einer großen beschichteten Pfanne zerlassen.

3 Pancetta, Salbeiblätter und Gnocchi hinzufügen und bei mittlerer Hitze 8–10 Min. köcheln lassen, dabei so wenig wie möglich rühren, damit die Gnocchi und die Pancettastückchen schön braun werden.

4 Zitronenschale und Erbsen hinzufügen und weitere 5 Min. köcheln lassen.

5 Mit Salz und Pfeffer abschmecken, mit Parmesan bestreuen, mit Basilikumblättchen garnieren und sofort servieren.

TIPPS & TRICKS

Pancetta ist eine italienische Variante des Bauchspecks vom Schwein, bzw. des Bacon.
Pancetta ist meist mit Rosmarin oder Salbei gewürzt.

Es gibt so viele Leute, die Ihren Gästen kein Risotto servieren, weil sie fürchten, die ganze Zeit in der Küche mit der Zubereitung des Risottos zu verbringen, anstatt mit Ihren Gästen. Aber hier die gute Nachricht für alle: Sie können Ihren Risotto schon teilweise vorkochen und müssen ihn dann vor dem Servieren nur noch in wenigen Minuten fertigstellen. Dazu verwenden Sie beim Zubereitungsschritt Nr. 7 nur ⅔ der Hühnerbrühe, nehmen den Topf dann vom Herd und decken ihn ab. Kurz vor dem Servieren stellen Sie den Topf wieder auf den heißen Herd, geben die restliche heiße Hühnerbrühe sowie die restlichen Zutaten in den Reis und kochen ihn fertig.

SÜSSKARTOFFEL- & MASCARPONE-RISOTTO

MENGE *4–6 Portionen*   🥄 *35 Min.*
KATEGORIE *Für Gäste · schwelgerisch*

ZUTATEN

*4 Scheiben Pancetta
    (s. Tipps & Tricks S. 181)*

1 Süßkartoffel, geschält + gewürfelt

4 EL Butter

½ Becher (110 g) Mascarpone

Salz, frisch gemahlener Pfeffer

4 Becher (1 l) Hühnerbrühe

½ Zwiebel, feingehackt

1 Knoblauchzehe, feingehackt

1½ Becher (300 g) Arborio-Reis

½ Becher (125 ml) Weißwein

½ Becher (65 g) Parmesan, gerieben

*1 Handvoll frische Basilikumblätter,
    gehackt*

ZUBEREITUNG

1   Die Pancettascheiben auf dem Backblech im Ofen oder in der Pfanne ohne Fett knusprig rösten, auf Küchenpapier abtropfen lassen und beiseitestellen.

2   Die Süßkartoffelwürfel in einem Topf mit Wasser in etwa 20 Min. garkochen und abgießen.

3   Die Süßkartoffelwürfel mit einem Kartoffelstampfer und 2 EL Butter sowie dem Mascarpone zerstampfen, bis eine glatte Masse entstanden ist, mit Salz und Pfeffer abschmecken und beiseitestellen.

4   Die Hühnerbrühe erhitzen und warmhalten.

5   Die restlichen 2 EL Butter in einem großen Topf bei mittlerer Hitze zerlassen, die Zwiebel darin in etwa 5 Min. glasig dünsten, salzen und pfeffern, den Knoblauch hinzufügen und weitere 2 Min. köcheln lassen.

6   Den Reis hineinrieseln lassen, gut vermengen, bis er ganz von der Butter ummantelt ist, mit dem Wein ablöschen und warten, bis die Flüssigkeit ganz und gar verdampft ist.

7   Jeweils eine Suppenkelle heiße Hühnerbrühe angießen, unter ständigem Rühren solange warten, bis der Reis die Brühe absorbiert hat, und erst dann die nächste Kelle Brühe hinzufügen. So weitermachen, bis die Brühe aufgebraucht ist. Die Reiskörner sollten jetzt weich sein, aber im Kern gerade noch Biss haben.

8   Süßkartoffelpüree, Parmesan und Basilikum unterrühren, noch einmal abschmecken und sofort mit den knusprigen Pancettascheiben servieren.

AUBERGINEN-
LASAGNE & BOLOGNESE

WEITER AUF S. 186

Weil ich ein sehr visueller Mensch bin, habe ich eine Art Diagramm kreiert, das die Schichtung der Lasagne illustriert. Einfach mit der Schicht Nr. 1 anfangen und weitermachen, bis Sie die Schicht Nr. 10 erreicht haben. Dieses »Diagramm« wirkt ein bisschen simpel, aber es spart tatsächlich Zeit!

10 *geriebener Käse*

9 *Sauce*

Pasta 8

Die Hälfte der Ricottamasse 7

6 *Pasta*

5 *Sauce*

Pasta 4

Die Hälfte der Ricottamasse 3

Pasta 2

1 *Sauce*

ZUTATEN

FÜR DIE SAUCE

450 g Kalbsmett

450 g Rindermett

450 g Schweinemett

Brät von 2 Salsiccia (italienische Wurst)

Olivenöl

Salz, frisch gemahlener Pfeffer

1 große Aubergine, in 1 cm großen Würfeln

2 Knoblauchzehen, feingehackt

1 EL frischer Oregano

2 EL Tomatenmark

2 Dosen (je 800 g) ganze Bio-Tomaten

1 Glas (660 ml) Tomatenpassata

FÜR DIE RICOTTAMISCHUNG

3 Packungen (je 250 g) Ricotta

¼ Becher (20-30 g) frische Kräuter Ihrer Wahl

(Thymian, Schnittlauch, Rosmarin, Oregano oder Petersilie), gehackt

¼ Becher (20–30 g) gehackte frische Basilikumblätter

1 Becher (230 g) Parmesan, gerieben

1 Becher (120 g) Mozzarella, gerieben

2 Eier

1 TL Salz

frisch gemahlener Pfeffer

ZUM SCHICHTEN

450 g Lasagnenudeln (ohne Vorkochen)

½ Becher (115 g) Parmesan, gerieben

3 Becher (360 g) Mozzarella, gerieben

AUBERGINEN-LASAGNE & BOLOGNESE

WEITER VON S. 185

ZUBEREITUNG

1 Eine großzügige Menge Olivenöl in einer großen Pfanne erhitzen und das Fleisch darin anbräunen.

2 Großzügig salzen und pfeffern, dann die Auberginenwürfel, Knoblauch, Oregano sowie die Tomatenpassata sorgfältig hineinrühren.

3 Die restlichen Zutaten hinzufügen, noch einmal abschmecken und einmal aufkochen lassen.

4 Hitze reduzieren, und die Sauce 1 Std. köcheln lassen.

5 Währenddessen die Ricotta-Zutaten in einer großen Schüssel vermengen und in den Kühlschrank geben.

6 Wenn die Sauce fertig ist, den Backofen auf 190 °C vorheizen.

7 In einer großen rechteckigen Lasagneform oder in mehreren kleineren rechteckigen Auflaufformen, die Lasagne (siehe »Diagramm« vorherige Seite) aufschichten.

8 Mit Alufolie abdecken und 20 Min. im heißen Ofen backen.

9 Die Alufolie entfernen und weitere 30 Min. backen.

TIPPS & TRICKS

Wenn Sie mögen, können Sie die Lasagne auch ungekocht einfrieren. Wenn Sie sie dann zubereiten, einfach 1 Std. 15 Min. gefroren in den auf 200 °C vorgeheizten Backofen geben. Allerdings friere ich die Lasagne lieber gekocht ein – dazu schneide ich sie in einzelne Portionen, die ich in Alufolie gewickelt einfriere und dann jeweils so viele gefrorene Portionen entnehmen kann, wie ich gerade brauche.

Seitdem ich entdeckt habe, dass Avocados Pastagerichte in himmlisch cremige Höhen erheben können, habe ich mir vielerlei Variationen dieses Genusses ausgedacht. Je nach Größe Ihrer Avocado müssen Sie die Konsistenz Ihrer Sauce anpassen und vielleicht ein wenig mehr Wasser dazugeben, als in diesem Rezept angegeben.

LINGUINE MIT SHRIMPS IN CREMIGER AVOCADO-SAUCE

MENGE *2 Portionen* 🥄 *15 Min.*
KATEGORIE *Für Gäste · laktosefrei · praktisch · schnell & einfach*

ZUBEREITUNG

1 Die Nudeln nach Packungsanweisung kochen, abgießen und beiseitestellen.

2 Alle Saucenzutaten in einem Standmixer cremig pürieren und großzügig mit Salz und Pfeffer abschmecken.

3 Die Sauce mit den Shrimps in einer Pfanne erhitzen.

4 Pasta und Rucola hinzufügen, erhitzen und sofort servieren.

ZUTATEN

FÜR DIE PASTA

200 g Linguine

1 Becher (325 g) Shrimps

½ Becher (60 g) Rucola

FÜR DIE SAUCE

1 Knoblauchzehe

Fleisch von 1 großen reifen Avocado

Saft von 1 Limette oder Zitrone

¼ Becher (35 g) Pinienkerne

¼ Becher (60 ml) Pflanzenöl (Raps, Erdnuss, Traubenkern, etc.)

2 EL frische Basilikumblätter

2 TL Honig

2 EL Wasser

Salz, frisch gemahlener Pfeffer

TIPPS & TRICKS

Dieses Rezept lässt sich im Nu zubereiten und muss sofort gegessen werden.

PAD THAI MIT SHRIMPS & ERDNUSSSAUCE

ZUTATEN

225 g Reisnudeln

3 EL Pflanzenöl

15–20 ungekochte Shrimps, geschält

4 Frühlingszwiebeln, in dünnen Scheiben

Salz, frisch gemahlener Pfeffer

1 Becher (100 g) Sojabohnensprossen

3 Eier, geschlagen

1 Handvoll Koriandergrün, feingehackt

¼ Becher (30 g) Erdnüsse, geröstet

Für die Sauce

¼ Becher (65 g) Erdnussbutter

¼ Becher (60 ml) Wasser oder Hühnerbrühe

Saft von 1 Limette

½ TL Fischsauce

1 TL Tamari

1 TL Reisessig

1 TL Sriracha Sauce (scharfe thailändische Chilisauce)

1 TL frischer Ingwer, geschält + gehackt

1 Knoblauchzehe, gehackt

1 TL brauner Zucker

ZUBEREITUNG

1 Alle Saucenzutaten in einer Schüssel vermengen und beiseitestellen.

2 Wasser in einem großen Topf einmal aufkochen lassen, die Nudeln 1 Min. oder kürzer (je nach Packungsanweisung) hineingeben, abgießen und beiseitestellen.

3 Das Pflanzenöl in einem Wok heiß werden lassen, und die Shrimps und Frühlingszwiebeln darin 3–4 Min. anschmoren. Mit Salz und Pfeffer abschmecken, die Sojabohnensprossen hinzufügen und weitere 2 Min. köcheln lassen.

4 Die geschlagenen Eier dazugeben und köcheln, bis sie fest sind.

5 Reisnudeln, Sauce, und Koriandergrün gut unterrühren und mit Erdnüssen garniert sofort servieren.

TIPPS & TRICKS

Pad Thai ist ein traditionelles Nudelgericht der thailändischen Küche, das immer mit Erdnüssen garniert serviert wird. Wer aber eine Nussallergie hat, kann die Erdnüsse weglassen und Erdnussbutter in diesem Rezept durch Sojabutter ersetzen.

RIESEN·CONCHIGLIE
ALLA GIGI

MENGE *4–6 Portionen*   *30 Min.*   *30 Min.*
KATEGORIE *Für Gäste · schwelgerisch*

PASTA, REIS & PIZZA

ZUTATEN

18 große Conchiglie (Riesenmuschelnudeln)

1½ Becher (180 g) Mozzarella, gerieben

FÜR DIE FÜLLUNG

1 EL Butter

8 Scheiben Pancetta (s. Tipps & Tricks S. 181), grobgehackt

220 g Champignons, grobgehackt

1 Knoblauchzehe, feingehackt

Salz, frisch gemahlener Pfeffer

1 Becher (250 g) Ricotta

4 Frühlingszwiebeln, in dünnen Scheiben

1 Ei

¼ Becher (60 g) Parmesan, gerieben

FÜR DIE SAUCE

1 Becher (250 ml) Tomatenpassata

¼ Becher (60 ml) Sahne

¼ Becher (60 g) Parmesan, gerieben

2 EL glatte Petersilie, gehackt

1 TL Zucker

Salz, frisch gemahlener Pfeffer

ZUBEREITUNG

1 Backofen auf 180 °C vorheizen.

2 Die Nudeln nach Packungsanweisung kochen, abgießen und beiseitestellen.

3 Die Butter in einer großen Pfanne zerlassen und Pancetta und Champignons darin goldbraun braten. Knoblauch hinzufügen, mit Salz und Pfeffer abschmecken und weitere 2 Min. köcheln lassen.

4 Die Masse in eine Schüssel geben, und die restlichen Zutaten für die Füllung sorgfältig unterrühren, noch einmal abschmecken und beiseitestellen.

5 In einer weiteren Schüssel alle Saucenzutaten miteinander verrühren. Die Hälfte der Sauce auf den Boden einer Auflaufform gießen.

6 Die Riesenmuschelnudeln mit der Ricottamasse füllen und in die Auflaufform geben.

7 Die restliche Sauce über die gefüllten Nudeln löffeln, mit Alufolie abdecken und 30 Min. im heißen Ofen backen.

8 Nach 30 Min. die Alufolie entfernen, den geriebenen Mozzarella über die Nudeln streuen und einige Minuten überbacken, bis der Käse goldbraun ist.

Als ich klein war, habe ich Pasta ausschließlich mit Butter und ein wenig Salz verzehrt. Ich weiß, es hört sich schlimm an, aber ich habe mich mit Händen und Füßen dagegen gewehrt, Nudeln mit irgendeiner Form von Tomatensauce zu essen. Und die einzigen Nudeln, die ich überhaupt gegessen habe, waren Cappellini. Und meine Liebe zu diesen eleganten Nudeln ist nicht weniger geworden. Hier ist das Cappellini-Rezept, das ich für das Kind in mir kreiert habe.

CAPPELLINI MIT KNOBLAUCH & GEFÜLLTEN PUTENBÄLLCHEN

MENGE *4 Portionen* 🥄 *30 Min.*
KATEGORIE *Für Gäste · schnell & einfach*

ZUBEREITUNG

1 Die Nudeln nach Packungsanweisung kochen, abgießen und beiseitestellen.

2 Putenhack, Ei und Semmelbrösel in einer Schüssel gut miteinander vermengen, salzen und pfeffern.

3 Formen Sie jeweils um einen Mozzarellawürfel insg. 20 Putenbällchen. Beiseitestellen.

4 Einige Spritzer Olivenöl in einer großen beschichteten Pfanne erhitzen, und die Fleischbällchen von allen Seiten anbraten, bis sie goldbraun sind.

5 Knoblauch, Thymian und Butter hinzufügen und weitere 2 Min. köcheln lassen.

6 Hühnerbrühe angießen, glatte Petersilie und die Cappellini unterrühren, heiß werden lassen, noch einmal abschmecken und sofort servieren.

ZUTATEN

250 g Cappellini

450 g Putenhack

1 Ei

¼ Becher (60 g) feine Semmelbrösel

Salz, frisch gemahlener Pfeffer

20 etwa 1 cm große Mozzarellawürfel (etwa 80 g)

Olivenöl

2 Knoblauchzehen, gehackt

Blätter von 4 Thymianstengeln, gehackt

¼ Becher (60 g) Butter

½ Becher (125 ml) Hühnerbrühe

¼ Becher (20–30 g) glatte Petersilie, gehackt

TIPPS & TRICKS

Bevor Sie die Putenbällchen formen, empfehle ich Ihnen ein kleines Stückchen des angemachten Putenhacks in einer Pfanne kurz anzubraten, und dann zu probieren. So können Sie feststellen, ob die Fleischmasse noch nachgewürzt werden muss.

Viele Menschen sind davon überzeugt, dass es kompliziert ist, eigenen Pizzateig herzustellen, aber in Wahrheit ist die einzige Herausforderung, die dieses Rezept mit sich bringt, die Ruhezeiten des Teigs geduldig abzuwarten, ohne zu schummeln!

SELBSTGEMACHTER PIZZATEIG

MENGE *Teig für 2 Pizzen* 🥄 *15 Min.* 🕐 *1 Std. 30 Min.*
KATEGORIE *laktosefrei · praktisch · vegetarisch*

ZUTATEN

1¾ Becher (1 l) warmes Wasser

1 EL Zucker

1 Päckchen (7 g) Trockenhefe

3½ Becher (430 g) Mehl

2 TL Salz

1 EL Olivenöl

ZUBEREITUNG

1 Warmes Wasser, Zucker und Hefe in einer kleinen Schüssel verrühren und 8 Min. ruhen lassen.

2 Mehl und Salz in eine große Schüssel geben, eine Mulde hineindrücken und das nun leicht schaumige Hefewasser mit dem Öl hineingießen. Solange mit einem Kochlöffel rühren, bis ein Teigball entstanden ist.

3 Diesen Teig nun auf einer bemehlten Arbeitsfläche etwa 5 Min. kräftig kneten und schlagen. In eine geölte Schüssel geben, mit einem feuchten Tuch bedecken und 45 Min. an einem warmen, nicht zu trockenen Ort gehen lassen. Das Volumen des Teigs sollte sich in dieser Zeit verdoppeln.

4 Den Teig ein zweites Mal auf einer bemehlten Arbeitsfläche 5 Min. kräftig durchkneten.

5 Wieder in die geölte Schüssel geben, abdecken und weitere 30 Min. an einem warmen, nicht zu trockenen Ort gehen lassen.

6 Den Teig mit dem Handballen etwas plattdrücken, in 2 Portionen teilen und zu Kugeln rollen. Diese Teigkugeln können nun sofort verarbeitet werden oder bis zu 24 Stunden vor der Weiterverarbeitung im Kühlschrank ruhen oder eingefroren werden.

TIPPS & TRICKS

Sie können den Teig auch mit dem Knethaken des Handrührgeräts kneten.

PIZZA MIT DREI KÄSESORTEN, GRÜNEM SPARGEL, SCHINKEN & FEIGEN

200

ZUTATEN

1 Portion gekaufter oder selbstgemachter Pizzateig (s. Rezept S. 198)

¼ Becher (30 g) geriebener Gruyère

8 Scheiben ital. Schinken

1 Becher (150 g) sehr dünner grüner Spargel, geputzt + halbiert

4 Feigen, geviertelt

¼ Becher (60 g) milder Ziegenkäse

1 EL Olivenöl

FÜR DEN RICOTTA

½ Becher (125 g) Ricotta

2 EL Pinienkerne, geröstet

1 TL Dijonsenf

2 EL frische Basilikumblätter

1 EL Zitronensaft

1 EL Orangensaft

Salz, frisch gemahlener Pfeffer

ZUBEREITUNG

1   Backofen auf 230 °C vorheizen.

2   Alle Zutaten für die Ricottamasse in einer Schüssel gut vermengen, mit Salz und Pfeffer abschmecken und beiseitestellen.

3   Den Pizzateig auf einer bemehlten Arbeitsfläche zu einem 30 cm großen Kreis ausrollen und auf einen Pizzastein oder ein Backblech geben.

4   Die Ricottamasse auf der gesamten Teigoberfläche verstreichen und mit dem Gruyère gleichmäßig bestreuen.

5   Schinken, Spargel und die Feigen auf der Pizza anrichten, dann den Ziegenkäse gleichmäßig darüberkrümeln.

6   Die Ränder mit Olivenöl bepinseln und 10 Min., bzw. bis der Teig leicht gebräunt ist, im heißen Ofen backen.

PASTA, REIS & PIZZA

PIZZASCHNECKEN À LA SLOPPY JOE

Mein Sloppy-Joe-Rezept hat einen ziemlichen Sturm auf meinem Blog ausgelöst. Nachdem wieder Ruhe eingekehrt war, habe ich versucht, den Sloppy Joe auf eine originellere Weise zu präsentieren. Auch wenn ich davon überzeugt bin, dass man ein klassisches Rezept, das funktioniert, nicht allzu sehr variieren sollte (zum einen weil der Name für das Original steht, zum anderen, um den Geschmack nicht zu verfälschen), werden Sie diese Pizzaschnecken gewiss nicht enttäuschen.

MENGE *14 Pizzaschnecken oder 1 Pizza* 🥄 *30 Min.* ⏱ *20 Min.*
KATEGORIE *praktisch*

ZUTATEN

FÜR DEN BELAG

2 EL Butter

½ rote Paprika, kleingewürfelt

1 mittelgroße Zwiebel, feingehackt

Salz, frisch gemahlener Pfeffer

1 Knoblauchzehe, gehackt

450 g mageres Rinderhack

½ Becher (125 ml) Ketchup

½ Becher (125 ml) Hühnerbrühe

2 TL Worcestershiresauce

1 EL Chilipulver

1 EL brauner Zucker

FÜR DIE PIZZASCHNECKEN

1 Portion gekaufter oder selbstgemachter Pizzateig (s. Rezept auf S. 198)

2 Becher (230 g) Monterey Jack Käse oder mittelalter Gouda, gerieben

½ Becher (125 ml) Schmand oder Crème double

ZUBEREITUNG

1 Die Hälfte der Butter in einer Pfanne zerlassen und Paprika- und Zwiebelwürfel darin glasig braten. Großzügig salzen und pfeffern.

2 Knoblauch hinzufügen und 1 weitere Min. köcheln lassen. Die Masse in eine Schüssel geben und beiseitestellen.

3 In derselben Pfanne die restliche Butter zerlassen, das Rinderhack hineingeben und braten, bis es schön braun ist.

4 Die Paprika-Zwiebelmasse hinzufügen, ebenso die restlichen Zutaten. 5 Min. köcheln lassen, mit Salz und Pfeffer abschmecken und in eine Schüssel geben.

5 Backofen auf 200 °C vorheizen. Ein Backblech mit Backpapier auskleiden und beiseitestellen.

6 Den Pizzateig auf einer bemehlten Arbeitsfläche zu einem 25x35 cm großen Rechteck ausrollen. Die Fleischmasse auf der Teigoberfläche gleichmäßig verteilen und mit dem Käse bestreuen.

7 Den Teig aufrollen, in 14 Scheiben schneiden und diese auf das Backblech geben. Sie müssen den Teig natürlich nicht aufrollen, sondern können ihn auch wie eine normale Pizza backen.

8 20 Min. im heißen Ofen backen und mit Schmand servieren.

TIPPS & TRICKS

Der Sloppy Joe wurde in der gleichnamigen Bar in Key West, in der schon Ernest Hemingway verkehrte, kreiert. Die klassische Variante besteht aus Rinderhack, Zwiebeln, Tomaten und Gewürzen, daraus wird eine Sauce gekocht, die auf einem Hamburgerbrötchen angerichtet, serviert wird.

PIZZA MIT KARAMELLISIERTEN ZWIEBELN, BARBECUE-HÜHNCHEN & CHORIZO

MENGE *1 Pizza*   *30 Min.*   *10 Min.*
KATEGORIE *Für Gäste · schwelgerisch*

ZUTATEN

1 EL Butter

*4 Becher (450 g) rote Zwiebeln,
    in dünnen Scheiben*

2 TL Honig

2 TL Balsamico

Salz, frisch gemahlener Pfeffer

*1 Becher (125 g) gegartes
    Hühnerfleisch, in Streifen*

*¼ Becher (60 ml) gekaufte
    Barbecuesauce*

*1 Portion gekaufter oder
    selbstgemachter Pizzateig (s.
    Rezept S. 198)*

*100 g Chorizo, in dünnen
    Scheiben*

*1½ Becher (175 g) Cheddar,
    gerieben*

1 EL Olivenöl

ZUBEREITUNG

1   Die Butter in einem Topf zerlassen, und die Zwiebelscheiben darin in 15 Min. karamellisieren. Wenn die Zwiebeln schön gebräunt sind, Honig und Balsamico unterrühren, salzen und pfeffern, weitere 10 Min. braten und beiseitestellen.

2   Backofen auf 230 °C vorheizen.

3   Die Hühnerstreifen in einer Schüssel mit der Barbecuesauce vermengen und beiseitestellen.

4   Den Pizzateig auf einer bemehlten Arbeitsfläche zu einem 30 cm großen Kreis ausrollen und auf einen Pizzastein oder ein Backblech geben.

5   Die karamellisierten Zwiebeln darauf verteilen, ebenso die Chorizoscheiben und die eingelegten Hühnerstreifen. Gleichmäßig mit dem Käse bestreuen.

6   Die Ränder mit Olivenöl bepinseln und 10 Min., bzw. bis der Teig leicht gebräunt ist, im heißen Ofen backen.

Nr. 8

Desserts

MENGE *12 Cookies* 🥄 *15 Min.* ⏱ *13 Min.*
KATEGORIE *Für Gäste · Mitbringsel ·*
schnell & einfach · vegetarisch

HAFERFLOCKEN-SCHOKO-COOKIES MIT ESPRESSO

ZUBEREITUNG

1 Backofen auf 190 °C vorheizen. Ein Backblech mit Backpapier auskleiden und beiseitestellen.

2 Mehl, Haferflocken, Natron und Salz in einer Schüssel vermengen und beiseitestellen.

3 Die weiche Butter sowie den braunen und weißen Zucker mit einem Handrührgerät cremig rühren.

4 Espressokaffee, Vanilleessenz und Ei hinzufügen und gut verrühren. Dann langsam die trockenen Zutaten einarbeiten.

5 Mit meinem Eiskugelportionierer, der etwa ¼ Becher (60 ml) fasst, steche ich 12 Kugeln ab. Diese jeweils auf ein Backblech geben und mit den Fingern flach drücken, bis sie etwa 1½ cm dick sind.

6 13 Min. im heißen Ofen backen und auf dem Backblech komplett auskühlen lassen.

7 Etwa ⅓ eines jeden Cookie in die zerlassene Schokolade tauchen, fest werden lassen und zubeißen.

ZUTATEN

1 Becher (120 g) Mehl

2 Becher (160 g) Haferflocken (Instant Flocken)

½ TL Natron

1 Prise Salz

¾ Becher (180 g) zimmerwarme Butter

1 Becher (180 g) brauner Zucker

¼ Becher (55 g) weißer Zucker

2 EL kalten Espressokaffee

1 TL Vanilleessenz

1 Ei

½ Becher (85 g) dunkle Schokolade, gehackt + geschmolzen

ZITRONENSCONES MIT WEISSER SCHOKOLADE

ZUTATEN

FÜR DIE SCONES

½ Becher (125 ml) Mandelmilch

1 EL Zitronenschale

1 EL Zitronensaft

1 Ei

1 Eiweiß

2¼ Becher (270 g) Mehl

3 EL Zucker

2 TL Backpulver

1 Prise Salz

¾ Becher (180 g) kalte Butter, gewürfelt

½ Becher (85 g) weiße Schokoflocken

FÜR DEN GUSS

½ Becher (60 g) Puderzucker

1 EL Zitronensaft

ZUBEREITUNG

1   Backofen auf 180 °C vorheizen. Mit einem Bleistift einen Kreis mit einem Durchmesser von 22 cm auf einen Bogen Backpapier zeichnen. Das Backpapier mit dem Kreis nach unten, Sie können ihn durch das Papier aber immer noch sehen, auf ein Backblech legen und beiseitestellen.

2   Mandelmilch, Zitronenschale und -saft, Ei und Eiweiß in einer Schüssel gründlich vermengen und beiseitestellen.

3   Mehl, Zucker, Backpulver und Salz in einen Standmixer geben und einmal mixen. Dann die Butter hinzufügen und so lange mixen, bis eine Masse mit der Konsistenz von Sand entstanden ist.

4   Diese Masse in eine Schüssel geben und die flüssigen Zutaten hineinarbeiten. Die weißen Schokoflocken dazugeben und alles gut zu einer Teigkugel verkneten.

5   Die Teigkugel auf das Backpapier in die Mitte des Bleistiftkreises geben und zu einem Kreis von 22 cm ausrollen.

6   Den Teigkreis mit einem Messer in 8 Dreiecke schneiden. Die Dreiecke voneinander abrücken, sie dürfen sich nicht berühren.

7   Im heißen Backofen 25–30 Min. backen und dann komplett auskühlen lassen.

8   Die Zutaten für den Guss in einer kleinen Schüssel verrühren, und die Scones großzügig damit beträufeln.

211

DESSERTS

ZITRONEN- & MANDEL-HÄPPCHEN

MENGE *16 Quadrate*   🥄 *10 Min.*   🕐 *30 Min.*
KATEGORIE *Für Gäste · Mitbringsel · schwelgerisch · vegetarisch*

ZUTATEN

3 Eier

2 EL Zitronensaft

Schale von 2 Zitronen

1 Becher (240 g) Butter, zerlassen

½ Becher (125 ml) Mandelpaste

¼ TL Mandelextrakt

¾ Becher (180 g) Zucker

1 Becher (120 g) Mehl

Puderzucker

ZUBEREITUNG

1   Backofen auf 180 °C vorheizen. Eine 20 cm quadratische Backform ausbuttern und beiseitestellen.

2   Eier, Zitronensaft und -schale, Butter, Mandelpaste und Mandelextrakt mit einem Handrührgerät solange schlagen, bis eine glatte Masse entstanden ist.

3   Die Masse in eine Schüssel geben, Zucker und Mehl hinzufügen und mit einem Kochlöffel verrühren. Diesen Teig in die Backform gießen.

4   Den Teig mit einem Gummispatel oder mit nassen Fingern solange verstreichen, bis er überall gleich dick ist. 30 Min. im heißen Ofen backen.

5   Komplett auskühlen lassen, mit Puderzucker bestäuben und in kleine Quadrate schneiden.

BANANENPUDDING MIT KARAMELLSAUCE & VANILLEEIS

MENGE *6 Portionen* 🥄 *15 Min.* ⏱ *25 Min.*
KATEGORIE *Für Gäste · praktisch · schwelgerisch · vegetarisch*

ZUTATEN

1 reife Banane, mit einer Gabel zerdrückt

1 Becher (180 g) brauner Zucker

½ Becher (120 g) zimmerwarme Butter

½ TL Vanilleessenz

2 Eier

1½ Becher (180 g) Mehl

½ TL Backpulver

1 Prise Salz

Vanilleeis

FÜR DIE KARAMELLSAUCE

6 EL gesalzene Butter

1 Becher (180 g) brauner Zucker

½ Becher (125 ml) Sahne

ZUBEREITUNG

1 Backofen auf 180 °C vorheizen. 6 kleine ofenfeste Gefäße ausbuttern und beiseitestellen.

2 Banane, braunen Zucker und Butter in einer kleinen Schüssel verrühren, bis eine einigermaßen glatte Konsistenz erreicht ist.

3 Vanilleessenz und die Eier kräftig unterrühren und beiseitestellen.

4 Mehl, Backpulver und Salz in einer weiteren Schüssel gut vermengen, über die Bananenmischung geben und sorgfältig verrühren. Gleichmäßig auf die 6 Gefäße verteilen (jeweils etwa ½ Becher, also etwa 125 ml).

5 25 Min. im heißen Ofen backen und beiseitestellen.

6 Alle Zutaten für die Karamellsauce in einen kleinen Topf geben und solange erhitzen, bis die Butter zerlassen und die Masse cremig ist.

7 Jeweils ¼ Becher (60 ml) schöne heiße Karamellsauce auf den Bananenpudding gießen und einige Minuten abkühlen lassen.

8 Mit je einer Kugel Vanilleeis servieren.

BANANENKUCHEN MIT AHORNSIRUP

MENGE *8 Portionen* 20 *Min.* ⊙ *55 Min.*
KATEGORIE *Mitbringsel · praktisch · schwelgerisch · vegetarisch*

ZUTATEN

2 reife Bananen

*1 TL frischer Ingwer, geschält +
gerieben*

½ Becher (120 g) Butter, zerlassen

1 Becher (250 ml) Ahornsirup

2 Eier, leicht geschlagen

¼ Becher (60 ml) Mandelmilch

1 Becher (120 g) Mehl

*1 Becher (120 g) Kamut-Mehl (aus
Khorasan-Vollkornmehl)*

1 TL Backpulver

1 TL Natron

1 Prise Salz

½ Becher (75 g) Walnüsse

*¾ Becher (125 g) dunkle
Schokoflocken, zerlassen*

ZUBEREITUNG

1 Backofen auf 180 °C vorheizen. Eine Kastenform
ausbuttern und beiseitestellen.

2 Bananen in einer Schüssel zerdrücken, Ingwer, Ahornsirup, Eier und Mandelmilch hinzufügen, gründlich
vermengen und beiseitestellen.

3 In einer weiteren Schüssel die Mehlsorten mit dem
Backpulver, Natron und Salz vermengen. In die Schüssel
mit den flüssigen Zutaten geben und gut verrühren.

4 Die grobgehackten Walnüsse unterrühren und die Masse
in die Backform gießen.

5 Die zerlassene Schokolade darübergießen und 55 Min.
im heißen Ofen backen, bis der Kuchen ganz und gar
durchgebacken ist (Stäbchenprobe). Komplett auskühlen
lassen und scheibenweise servieren.

Obgleich ich stolz auf meine eigene Version dieses Klassikers bin, weiß Alex ganz genau, wie er mich glücklich machen kann. Denn er muss mich nur in mein italienisches Lieblingsrestaurant ausführen, wo die Mamma das beste Tiramisu der Welt serviert. Wir machen immer Scherze darüber, dass es besser ist, Tiramisu im Restaurant in kleinen Portionen zu genießen, statt es selbstzumachen und dann die ganze Portion an ein und demselben Tag aufzuessen. Es ist eine Schwäche, die wir beide nicht im Griff haben.

218

TIRAMISU

ZUTATEN

1 Becher (250 ml) zimmerwarmen Espresso

2 EL Tia Maria

¼ Becher (60 ml) Milch

6 Eigelb

½ Becher (115 g) Zucker

1 Prise Salz

1 Becher (225 g) zimmerwarmes Mascarpone

¾ Becher (190 ml) Sahne

24 Löffelbiskuits

Kakaopulver

ZUBEREITUNG

1 Espresso, Tia Maria und Milch in einer Schüssel verrühren und in den Kühlschrank stellen.

2 Eigelb sowie Zucker und Salz mit dem Handrührgerät etwa 4 Min., bzw. bis die Masse blassgelb ist, schlagen. Mascarpone sorgfältig hineinrühren und beiseitestellen.

3 Die Sahne in einer weiteren Schüssel steifschlagen und nun löffelweise vorsichtig die Mascarponemischung unterrühren. Beiseitestellen.

4 12 Löffelbiskuits ganz kurz in die Espressomischung dippen, und den Boden einer 22 x 33 cm großen Form mit einer Schicht Löffelbiskuits auslegen. Die Hälfte der Mascarponemischung darauf verteilen.

5 Mit den restlichen Löffelbiskuits ebenso verfahren, und die zweite Hälfte der Mascarponemischung darauf verstreichen.

6 Mind. 4 Std. in den Kühlschrank geben und vor dem Servieren mit Kakaopulver bestäuben.

TIPPS & TRICKS

Da ich keinen Alkohol trinke, und Tia Maria keine Zutat ist, die ich oft benutze, kaufe ich Tia Maria in diesen Mini-Fläschchen.

ZUTATEN

PFIRSICH-CRUMBLE

FÜR DIE FÜLLUNG

3 EL Zucker

2 EL Maisstärke

1 EL Ahornsirup

1 Prise Salz

¼ TL Zimtpulver

3 mittelgroße Pfirsiche, entkernt, gewürfelt

FÜR DEN CRUMBLE

1 Becher (240 g) Butter, zerlassen

1 Becher (90 g) Haferflocken

1 Becher (120 g) Mehl

1 Becher (180 g) brauner Zucker

ZUBEREITUNG

1   Backofen auf 180 °C vorheizen.

2   Zucker, Maisstärke, Ahornsirup, Salz und Zimt in einer großen Schüssel miteinander vermengen. Die Pfirsiche hinzufügen, gut verrühren und die Masse in eine ofenfeste Form gießen. Beiseitestellen.

3   In einer weiteren Schüssel alle Crumble-Zutaten sorgfältig zu Streuseln verkneten und gleichmäßig auf der Pfirsichmasse verteilen.

4   40 Min., bzw. bis der Crumble goldbraun ist und die Masse schön Blasen wirft, im heißen Ofen backen. Warm servieren.

TIPPS & TRICKS

Sie können die Pfirsiche durch andere Früchte Ihrer Wahl ersetzen.

Dies ist das Rezept, das unser Cover schmückt, allerdings in einer Miniaturversion. Ich hatte mich nämlich entschieden, dieses Rezept in Mason-Jar-Deckeln (also den Schraubdeckeln amerikanischer »Weckgläser«) zu backen, statt in einer Tarteletsform mit herausnehmbarem Boden. Und ich finde das Resultat wunderbar! Praktisch, originell und preiswert – was will man mehr? Um das Thema durchzudeklinieren, kann das Begleitgetränk zu diesem Dessert auch in Mason Jars, also in »Weckgläsern« serviert werden.

HIMBEER-TARTELETS

MENGE *8 Tartelets oder 1 große Tarte* 🖌 *25 Min.* ⏱ *4 Std.*
KATEGORIE *Für Gäste · Mitbringsel · glutenfrei · schwelgerisch · laktosefrei · roh · vegetarisch*

ZUTATEN

FÜR DEN TEIG

1 Becher (120 g) Mandeln

1 Becher (175 g) Medjoul-Datteln, entkernt

FÜR DIE HIMBEERFÜLLUNG

1 Becher (130 g) Cashewnüsse

2 EL Zitronensaft

¼ Becher (60 ml) Kokosöl

¼ Becher (60 ml) Honig oder Ahornsirup oder Agavendicksaft

1 Becher (150 g) frische Himbeeren

½ TL Vanilleessenz

1 Prise Salz

ein paar Himbeeren zum Garnieren

ZUBEREITUNG

1 Die Cashewnüsse in eine Schüssel geben, mit kaltem Wasser bedecken und mind. 2 Stunden einweichen lassen.

2 Die Mandeln und Datteln in einem Standmixer zu einer glatten Masse pürieren, die zusammenkleben soll, wenn Sie sie mit den Fingern zusammendrücken. Die Masse in 8 Mason-Jar-Deckel drücken und beiseitestellen.

3 Alle Zutaten der Füllung mit dem Zauberstab oder im Standmixer glattpürieren und auf den Mandel-Datelteig verteilen.

4 2 Std. im Kühlschrank fest werden lassen und servieren.

TIPPS & TRICKS

Um eine große Tarte zu machen, nehmen Sie eine 23 cm-Tarteform mit herausnehmbarem Boden.

ZUCKER-PIE

Alex' Großmutter macht nicht nur die besten Desserts der Welt, sondern auch keinerlei Hehl aus ihrem Können und hat nicht das geringste Problem damit, ihre Rezepte mit anderen zu teilen. Und wann immer sie das tut, bin ich mehr als erstaunt, wie einfach ihre Rezepte zuzubereiten sind und wie schnell das geht, meistens nur wenige Minuten. Gilberte ist der lebende Beweis dafür, dass sich Desserts deluxe mit einem Minimum an Zutaten (aber mit ganz viel Liebe) zubereiten lassen.

MENGE *8 Portionen* 🥄 *15 Min.* ⏱ *30 Min.*
KATEGORIE *Für Gäste · Mitbringsel · schwelgerisch · vegetarisch*

DESSERTS

ZUBEREITUNG

1 Backofen auf 180 °C vorheizen.

2 Mehl und Salz in einem Standmixer einmal mixen, die Butter hinzufügen und solange mixen, bis eine Konsistenz wie die von geriebenem Parmesan entstanden ist.

3 Wasser angießen und mixen, bis eine Teigkugel entstanden ist.

4 Den Teig auf einer bemehlten Arbeitsfläche ausrollen und ein wenig Wasser hinzugeben, falls er zu trocken ist, oder ein wenig Mehl, falls er zu klebrig ist.

5 Eine 22 cm große Tarte- oder Quicheform mit dem Teig auskleiden und in den Kühlschrank stellen.

6 Die Zutaten für die Füllung miteinander vermengen, auf den Teig gießen und 30 Min. im heißen Ofen backen.

ZUTATEN

FÜR DEN TEIG

1¼ Becher (150 g) Mehl

1 Prise Salz

½ Becher (120 g) kalte Butter, gewürfelt

¼ Becher (60 ml) sehr kaltes Wasser

FÜR DIE FÜLLUNG

1¼ Becher (225 g) brauner Zucker

3 EL Mehl

¾ Becher (190 ml) Sahne

SEINE
WAHL

GRÜNTEE-MUFFINS MIT WEISSER SCHOKOLADE & KOKOSCRÈME

ZUTATEN

FÜR DIE MUFFINS

1¾ Becher (200 g) Mehl

¼ Becher (45 g) brauner Zucker

¼ Becher (30 g) Mandelmehl

½ TL Backpulver

½ TL Natron

2 TL Matcha-Pulver (grüner Tee)

1 Becher (250 ml) Vanille-Mandelmilch

¼ Becher (60 g) halbgesalzene Butter, zerlassen

1 Ei, leicht geschlagen

½ Becher (85 g) weiße Schokoflocken

FÜR DIE KOKOSCRÈME

1 Becher (240 g) zimmerwarme Butter

2 EL Kokosmilch

2 Becher (240 g) Puderzucker

Kokosraspeln zum Garnieren

ZUBEREITUNG

1 Backofen auf 180 °C vorheizen. Ein Muffinblech mit 8 Muffinpapierförmchen auskleiden und beiseitestellen.

2 Mehl, braunen Zucker, Mandelmehl, Backpulver, Natron und Matcha-Pulver in einer Schüssel gut vermengen und beiseitestellen.

3 In einer weiteren Schüssel die Mandelmilch mit der zerlassenen Butter und dem leicht geschlagenen Ei gründlich verrühren, zu den trockenen Zutaten geben und alles gut vermengen.

4 Die weißen Schokoflocken unterrühren, und diese Masse auf die Muffinförmchen verteilen.

5 12–13 Min. im heißen Ofen backen, bis sich die Muffins ziemlich fest anfühlen, wenn Sie vorsichtig daraufdrücken. Aus dem Ofen holen und im Muffinblech komplett auskühlen lassen.

6 Die Zutaten für die Crème in einer Schüssel mit dem Schneebesen schlagen, bis sie eine glatte Konsistenz hat.

7 Die Crème auf die Muffins geben, mit Kokosraspeln bestreuen und servieren.

MEIN LIEBLINGS-SCHOKOLADENKUCHEN

MENGE *10–12 Portionen* 🥄 *30 Min.* 🕐 *30 Min.*
KATEGORIE *Für Gäste · schwelgerisch · vegetarisch*

TIPPS & TRICKS

Damit die Servierplatte schön sauber bleibt, wenn ich den Kuchen mit der Buttercrème bestreiche, lege ich vorher 4 rechteckige Backpapierstreifen, die sich in der Mitte überlappen, auf die Servierplatte. Dann gebe ich den Kuchen darauf, bestreiche ihn mit der Buttercrème, danach ziehe ich die Backpapierstreifen sanft unter dem Kuchen hervor. Der Kuchen sieht dann einfach köstlich aus, und die Servierplatte ist ohne einen Fleck.

Ich bin schon seit Jahren ganz verrückt nach diesem Kuchen, der randvoll mit Schokolade und … Mayonnaise ist! Ja, diese Kombination mutet im ersten Moment seltsam an, aber vertrauen Sie mir und probieren Sie den Kuchen einfach aus – ich garantiere Ihnen, auch Sie werden süchtig nach ihm! Zugegeben: Dieser Kuchen ist nicht unbedingt ein Wellness-Produkt, aber gerade deshalb schmeckt er mir so gut. Außerdem bereite ich ihn nur zu Geburtstagen zu, das macht ihn noch mehr zu etwas Besonderem.

Sie müssen keine frischen Früchte auf den Kuchen geben, das tue ich nur, wenn Früchte gerade Saison haben und daher nicht zu teuer sind.

ZUTATEN

Butter zum Einfetten

2 Becher (240 g) Mehl

¾ Becher (85 g) ungesüßtes Kakaopulver

1 TL Natron

½ TL Backpulver

1 Prise Salz

3 Eier

1¾ Becher (400 g) Zucker

1 TL Vanilleessenz

1 Becher (250 ml) Mayonnaise (gekauft oder s. Rezept S. 137)

1⅓ Becher (330 ml) Wasser

½ Becher (85 g) dunkle Schokoflocken

Puderzucker zum Bestäuben

2 Becher (500 g) frische Früchte Ihrer Wahl (optional)

FÜR DIE BUTTERCRÈME

675 g zimmerwarme Butter

¾ Becher (85 g) ungesüßtes Kakaopulver

4½ Becher (540 g) Puderzucker

ZUBEREITUNG

1   Backofen auf 180 °C vorheizen. Zwei runde 22 cm große Springformen ausbuttern und beiseitestellen.

2   Mehl, Kakaopulver, Natron, Backpulver und Salz in einer Schüssel gründlich vermengen und beiseitestellen.

3   Die Eier mit dem Handrührgerät in einer großen Schüssel mit dem Zucker und der Vanille schlagen, bis eine schöne schaumige Masse entstanden ist, das dauert etwa 3 Min.

4   Mayonnaise und Wasser gründlich unterrühren.

5   Langsam die trockenen Zutaten hineinrühren, zum Schluss die Schokoflocken dazugeben.

6   Den Teig auf die beiden ausgebutterten Springformen verteilen und 30 Min. im heißen Ofen backen, bis die Kuchen auch in der Mitte ganz durchgebacken sind.

7   Die Kuchen in den Formen komplett auskühlen lassen und erst dann aus den Springformen nehmen.

8   Während die Kuchen auskühlen, die Zutaten für die Buttercrème vermengen, bis eine glatte cremige Konsistenz entstanden ist. Beiseitestellen.

9   Einen der Kuchen auf die mit Backpapierstücken ausgelegte Servierplatte geben und die Oberfläche mit 1/3 der Buttercrème bestreichen, den zweiten Kuchen daraufsetzen und den gesamten Kuchen mit der restlichen Crème bestreichen. Mit Puderzucker bestäuben, mit frischen Früchten garnieren und servieren.

DANKSAGUNGEN

MARILOU

Die Entstehung dieses Buches ging einher mit außergewöhnlichen Siegen und Triumphen, vermischt mit so einigen Dingen, die schiefgegangen sind. Das hat die ganze Arbeit an diesem Buch zu einem perfekten Abenteuer gemacht, eben gerade dank all der Dinge, die nicht perfekt funktioniert haben. Wenn ich das Buch nun fertig in Händen halte, liegt das an der Entschlossenheit, die sich in meiner Seele festgesetzt hatte, gefüttert von meiner Leidenschaft für das Essen und von den Inspirationen anderer Menschen, denen ich speziell danken möchte.

Alex, mon tendre amour, danke, dass du mir in den Momenten, wenn alles schiefzugehen schien, deine ganze Aufmerksamkeit geschenkt hast, und danke speziell dafür, dass du immer genau wusstest, wann du mir nicht mehr zuhörst, nämlich wenn ich ein großes Gewese um Nichts gemacht habe. Du weißt immer genau, welche Dinge weiterverfolgt werden sollten, und wann die Reißleine gezogen werden musste, wenn es zu verrückt wurde. Meine Vergesslichkeit hat dich niemals verärgert, selbst wenn du wieder und wieder losgehen musstest, um Zutaten zu holen, die ich vergessen hatte. Und danke für all die Male, an denen du mich nach draußen geschickt hast, um ein bisschen frische Luft zu tanken, während du die Küche, in der sich das schmutzige Geschirr gestapelt hat, ohne zu murren wieder aufgeräumt hast. Ohne dich wäre dieses Buch niemals genauso geworden, wie ich es mir gewünscht habe. Und das liegt daran, dass wann immer ich mir neue Kreationen einfallen lasse, du der bist, der mich am meisten inspiriert. Ich liebe dich.

Véronique Paradis, mit dir kann ich Pferde stehlen! Danke für all die langen Tage in der Küche und im Studio. Du hattest das Hirn und das Händchen, das ich gebraucht habe, um das Buch zum Ende zu bringen.

Hubert Cormier – der Goldjunge, der Ernährungswissenschaftler – deine unschätzbaren Ratschläge, die du mir zu jeder passenden oder unpassenden Zeit zur Verfügung gestellt hast, durchziehen das ganze Buch. Ich weiß, wie wenig Zeit du hast, und fühle mich daher erst recht geehrt, dass du mir so viel davon geopfert hast.

Sofia Oukass, du warst die Säule, an die wir uns lehnen konnten, um sogar unsere verrücktesten Ideen umzusetzen. Wir freuen uns, dass du zu dem Kreis von Menschen gehörst, der so viel dazu beigetragen hat, unseren Herzenswunsch umzusetzen.

Maude Paquette-Boulva, meine Lieblingsgrafikerin, danke dass du, als *Dreimal täglich* noch ein Baby war, auf Facebook Kontakt zu uns aufgenommen hast, um deine gestalterischen Dienste anzubieten. Damals hatten wir gerade mal 2,5 Follower, wenn es hoch kommt. Schnell bist du für mich zu einer Quelle der Inspiration geworden. Ich freue mich darauf, auch in den nächsten Jahren gemeinsam mit dir lachen und gestalten zu können.

Isabelle Clément, danke, dass du mit mir auf Schatzsuche gegangen bist, um die schönsten Accessoires für dieses Buch aufzustöbern. Seit du in mein Leben getreten bist, scheint es mir, als könne ich an zwei Orten zur selben Zeit sein – so gut kennst du meinen Geschmack!

Jean-François Roy, jeder Moment, den wir gemeinsam verbringen konnten, war ein enormes Privileg für mich, und ich danke dir für jeden einzelnen.

Lise Dupuis, Brigitte Jalbert sowie das gesamte Team von Maribiz, danke, dass ihr Teil dessen wart, was wir tagtäglich gemacht haben und für all eure Unterstützung.

Mélanie Dubé, Karine Lamontagne, Geneviève Rivard und Pascale Grenier: Eure Arbeit findet zwar im Schatten statt, aber es lässt das, was ich tue, umso heller strahlen. Danke.

Und dem Team von Les Éditions Cardinal danke ich für alles. Eure Unterstützung war sagenhaft und unverzichtbar.

ALEXANDRE

Als Erstes möchte ich meiner Frau, Marilou, danken. Ein wunderbar kreativer Mensch, mutig, stark und unfassbar freundlich. Danke für jedes Mal, an dem du instinktiv wusstest, wie es weitergeht und für all deine Worte, die mir Selbstbewusstsein gaben und mich damit sowohl professionell wie auch privat so viel weitergebracht haben. Dein Verständnis ist groß, dein Herz weit und deine Ratschläge sanft. Und nur damit du es weißt: Dich, wie neulich, zwischen dem Fotografieren der Zwiebelsuppe zu küssen, ist zu einer meiner Lieblingsbeschäftigungen geworden. Ich bin dem Universum für immer dankbar, dass es uns die Kraft gegeben hat, dieses Buch gemeinsam fertigzustellen. Mit jeder Seite mehr sah ich mich wachsen. Ich hoffe, dass wir gemeinsam noch viele weitere Abenteuer dieser Art erleben werden, denn wenn ich eines gelernt habe, dann dies: Gemeinsam trotzen wir jedem Sturm.

Vielen, vielen Dank an Yanick Lespérance, meinen Assistenten, der schon bald in eine neue Rolle schlüpfte, nämlich in die eines guten Freundes. Ich habe einen Riesenrespekt vor diesem Mann und seiner faszinierenden Eigenschaft, immer cool und fröhlich zu bleiben. Er kann genau im richtigen Moment die besten Witze überhaupt machen. Ich danke dir für den Hinweis auf den Helen-Hunt-Film *Twister* und für die Male, als wir 20 Minuten am Telefon verbrachten und nichts anderes als das Wort Hello wiederholten. Danke für die Zeiten, in denen wir einander alles anvertraut haben, wie uralte Freunde: T'es beau, mon ami.

Mein Dank geht an Antoine Ross-Trempe, der den liebevollen Spitznamen »Tony Panda« trägt. Ein Éditeur mit unglaublicher Intuition und ein äußerst talentierter Autor, und – mehr als alles andere – ein scharfsinniger Psychologe. Du warst wirklich der kreative Anker dieses Projektes. Du kannst mich wie verrückt zum Lachen bringen, insbesondere wenn du dich für TV-Auftritte zurechtmachst oder wenn du »t'autosponsorises« (Insider-Witz). Willst du mein Vater sein?

Ich möchte auch Benoit Paillé danken, dessen Riesentalent mich dazu inspiriert hat, an meine Grenzen und weiter zu gehen. Im ersten Moment ein zurückhaltender Mensch, doch nach einer halben Stunde Gespräch, zeigt sich sein warmes Herz und sein mitfühlender Charakter. Danke für den »Workshop«, deinen Rat und speziell für den Crashkurs ein Bild für Facebook so zu »schärfen«, dass es gut aussieht. Du bist wirklich der Beste und ein jeder sollte so viel Glück haben, dein Talent zu entdecken.

Dank an Tania Trudel, Gründerin von *Aube Créations*, für das Herrichten der Tische und dafür, die notwendigen Mittel zur Verfügung gestellt zu haben, um diese Fotos überhaupt produzieren zu können.

KAPITEL-REGISTER

243

KATEGORIEN-REGISTER

245

MITBRINGSEL

PRAKTISCH

ROH

Vegetarisch